Leopardgeckos

von

Friedrich Wilhelm Henkel, Michael Knöthig & Wolfgang Schmidt

68 Farbfotos
13 Zeichnungen

Titelbild: oben *Eublepharis macularius*
              unten *Eublepharis macularius* „High Yellow"
Umschlagrückseite: *Eublepharis macularius*
Hintergrund: Hautstruktur von *Eublepharis macularius*
Fotos: B. Love/Blue Chameleon Ventures

Die in diesem Buch enthaltenen Angaben, Ergebnisse, Dosierungsanleitungen etc. wurden von den Autoren nach bestem Wissen erstellt und sorgfältig überprüft. Da inhaltliche Fehler trotzdem nicht völlig auszuschließen sind, erfolgen diese Angaben ohne jegliche Verpflichtung des Verlages oder der Autoren. Beide übernehmen daher keine Haftung für etwaige inhaltliche Unrichtigkeiten.
Alle Rechte, insbesondere das Recht der Vervielfältigung und Verbreitung sowie der Übersetzung, vorbehalten. Kein Teil des Werkes darf in irgendeiner Form (Druck, Fotokopie, Mikrofilm oder andere Verfahren) ohne schriftliche Genehmigung des Verlages reproduziert oder unter Verwendung elektronischer Systeme verarbeitet, gespeichert oder vervielfältigt werden.

ISBN 3-931587-38-X

© 2000 Natur und Tier - Verlag
         Matthias Schmidt
         An der Kleimannbrücke 39, D-48157 Münster
         Lektorat: Heiko Werning, Berlin
         Gestaltung: Sibylle Manthey, Berlin
         Druck: MKL Druck GmbH & Co. KG, Ostbevern

Die Deutsche Bibliothek – CIP-Einheitsaufnahme
Henkel, Friedrich-Wilhelm:
Leopardgeckos / von Friedrich Wilhelm Henkel, Michael Knöthig & Wolfgang Schmidt. - 1. Aufl. - Münster : Natur-und-Tier-Verl., 2000 (Terrarien-Bibliothek)
ISBN 3-931587-38-X

Inhalt

Vorwort und Danksagung 4

Entwicklungsgeschichte und Systematik 5

Verbreitung und Lebensraum 12

Die *Eublepharis*-Arten und -Unterarten 19

Färbung, Farbformen und Sinnesorgane 29
    Wann erfolgt die Umfärbung der jungen Leopardgeckos? 29
    Wie kann man durch Auslese bestimmte Muster und Farben züchten? 31
    Farb- und Zeichnungsvarianten 32
    Das Auge und die übrigen Sinnesorgane 40

Haltung und Vermehrung im Terrarium 41
    Verhalten und Aktivität 41
    Wie alt können Leopardgeckos werden? 44
    Die Anschaffung eines Leopardgeckos 44
    Voraussetzungen für die erfolgreiche Nachzucht 46
    Geschlechtsunterschiede und -ausprägung 49
    Balz- und Paarungsverhalten 53
    Trächtigkeit, Eiablage, Zeitigung und Schlupf 54
    Die Aufzucht der Jungen 61
    Vergesellschaftung mit anderen Tieren 64
    Das Terrarium und seine Einrichtung 64
    Terrarientechnik 67
    Futter und Ernährungsprobleme 68
    Futtertierzuchten 71
    Krankheiten 74

Glossar 76

Literatur 77

Vorwort

Die Geckos stellen mit über 100 Gattungen und weit mehr als 1000 Arten einen recht formenreichen und kaum noch überschaubaren Entwicklungszweig der Echsenartigen dar. Sie besiedeln bereits seit dem Eozän fast die ganze Welt, oder zumindest jenen Teil, der ihnen ein Überleben gestattet. Sie haben sich im Lauf der Zeit den unterschiedlichsten Biotopen hervorragend anpassen und die verschiedensten ökologischen Nischen besetzen können – vom tropischen Regenwald bis zu Wüstengebieten.

Schon seit langem gehört diese äußerst variable und interessante Reptiliengruppe zu den bekanntesten und beliebtesten Terrarientieren. Von einer Art, dem Leopardgecko (teilweise aber auch von seinen Verwandten), soll in diesem Buch die Rede sein. Kaum jemand wird sich der Faszination dieser attraktiven Echse entziehen können, die jeden unbedarften Besucher eines Zoogeschäftes oder einer Terrarienbörse durch ihren mächtigen Kopf mit den großen Augen in ihren Bann zieht, wenn sie langsam an der Behälterfrontseite entlangstreift und auf Futter wartet. So oder so ähnlich wird es wohl den meisten „Fans" dieser Art bei der ersten Begegnung ergangen sein – eine Faszination, die niemals nachlässt, sondern sich sogar (vor allem durch die bemerkenswerte „Zahmheit" dieser Geckos) noch steigert.

Insofern verwundert es auch nicht, dass der Leopardgecko heute die vielleicht am weitesten verbreitete und bekannteste Echse überhaupt darstellt und sich auch weiterhin einer stets noch steigenden Popularität erfreut.

Zu Recht, wie wir finden – handelt es sich doch um die offenbar am besten für die Terrarienhaltung geeignete Echsenart, die insbesondere dem Anfänger nur wärmstens empfohlen werden kann.

Dieses Buch will zum einen mit diesem äußerst interessanten Tier vertraut machen, bei dem es (trotz der großen Popularität) noch viel zu entdecken gibt, zum anderen den gesamten Problemkomplex der Haltung, Vermehrung und systematischen Einordnung etwas genauer darstellen. Dabei handelt es sich indes nicht um einen „enzyklopädischen" Ansatz: Vielmehr wollen wir versuchen, einen umfassenden allgemeinen Überblick zu geben.

Danksagung

Besonders bedanken möchten wir uns bei allen, die durch Informationen sowie das Überlassen von Bildern u. Ä. zum Erfolg des Projektes beigetragen haben. Im einzelnen seien (alphabetisch aufgelistet) folgende Personen und Firmen erwähnt: Fa. Gaidzig, Gebrüder Decker (Duisburg), die Herren Horst und Markus Juschka (Düsseldorf), Herr Harald Martens (Frankfurt), Herr Thomas Müller (Bönningheim), Herr Andreas Nöllert (Jena), Herr Nikolay L. Orlov (Russland), Herr Erwin Schröder (Kiel), Herr Hermann Seufer (Keltern Weiler), Herr Rainer Stockey (Hagen), Herr Sascha Svatek (Elze), Herr Ron Trempers (USA), Fa. Tropenparadies, die Herren Thorsten Holtmann und Volker Ennenbach (Oberhausen), Herr Rainer Zander (Garbsen) und Herr Roland Zobel (Herne).

Ganz besonders bedanken möchten wir uns bei Herrn Dr. Michael Meyer (Herne) für die kritische Durchsicht des Manuskripts.

Alle Grafiken sind von Michael Knöthig; soweit nicht anders angegeben.

Entwicklungsgeschichte und Systematik

Vermutlich erst vor etwa 50 Millionen Jahren entwickelte sich aus den jurassischen Ardeosauridae und Bavarisauridae die heutige Familie der Gekkonidae. Jedoch ist dieser Evolutionsprozess bis heute noch nicht genau rekonstruiert worden, da kaum Fossilien aus den frühen Epochen gefunden wurden. Die Entstehungsgeschichte der Geckos begann nach jetzigem Kenntnisstand in Südostasien, wo auch noch heute die ursprünglichsten Vertreter der Geckoartigen vorkommen.

Heute ist es sehr schwierig, genaue Aussagen zur Systematik zu treffen, da laufend neue Arten beschrieben werden und selbst Gattungs- und Unterfamiliengrenzen sich im Fluss befinden. Wir beschränken uns daher auf einen Überblick, in den wir jedoch die ganze Familie der Lidgeckos (Eublepharidae) einbeziehen.

Erst 1885 etablierte BOULENGER die Gattung *Aeluroscalabotes* anhand eines von GÜNTHER 1864 beschriebenen Geckos mit dem Namen *Pentadactylus felinus*. Dabei ordnete er diesen Gecko in die neue Gattung ein und vergab den bis heute gültigen Namen *Aeluroscalabotes felinus*. Diese Spezies stellt die ursprünglichste und primitivste Art aller rezenten Geckos dar und bewohnt tropische Regenwälder in Teilen Südostasiens. Weiterhin beschrieb BOULENGER anhand von *Aeluroscalabotes felinus* die Familie der Eublepharidae, deren Vertreter im deutschsprachigen Raum als Lidgeckos bekannt sind. Die beiden wichtigsten Unterscheidungsmerkmale zwischen den Familien der Gekkonidae und der Eublepharidae sind zum einen die beweglichen Augenlider (die auch die Begründung für den deutschen Trivialnamen liefern) und die Beschaffenheit der Zehen: Letztere besitzen bei den Lidgeckos keine der vielfältigen Haftmechanismen, die bei den meisten anderen Geckos ausgebildet sind.

Pentadactylus felinus
nach GÜNTHER (1864)

Die Augenlider sind bei allen anderen Geckos miteinander verwachsen und durchsichtig. Diese „Brille" ist ein Produkt der Evolution und schützt das Auge vor mechanischen Beschädigungen – obwohl es jederzeit geöffnet ist. In dieser Hinsicht haben sich die Lidgeckos nicht weiter entwickelt. Sie vermögen aber die Augen mittels der nach wie vor beweglichen Lider jederzeit zu schließen. Dies erfolgt – im Gegensatz zum menschlichen Sehorgan – nicht durch das Senken des Oberlids, sondern durch das Anheben des unteren. Grundsätzlich dient dieser Mechanismus beim Beutefang als Schutz, damit die erfassten Futtertiere die Augen nicht verletzen können. Die Zehen der Lidgeckos sind an ihren Enden nicht verbreitert und besitzen keine Haftlamellen, die es den Tieren ermöglichen würden, auch an glatten Flächen zu klettern. Sie enden jeweils in spitzen, gebogenen Krallen, die nicht einziehbar sind. Damit können sie selbst in festem Substrat graben und sich auf felsigem bzw. steinigem Untergrund hervorragend fortbewegen.

In der Vergangenheit hat sich der taxonomische Status der Lidgeckos häufig geändert: Einige Wissenschaftler sahen diese Gruppe als Unterfamilie Eublepharinae der Eigentlichen Geckos (Gekkonidae) an, anderen wiederum galt sie als eigenständige Familie. Heute hat sich die Auffassung von einer eigenen Familie Eublepharidae etabliert, die zwei Unterfamilien – Aeluroscalabotinae und Eublepharinae – enthält. Nach dem heutigen Stand der Wissenschaft unterteilen sich die Lidgeckos in sechs Gattungen:

Aeluroscalabotinae
Aeluroscalabotes BOULENGER, 1885

Eublepharinae
Coleonyx GRAY, 1845
Eublepharis GRAY, 1827
Goniurosaurus BARBOUR, 1908
Hemitheconyx STEJNEGER, 1864
Holodactylus BOETTGER, 1893

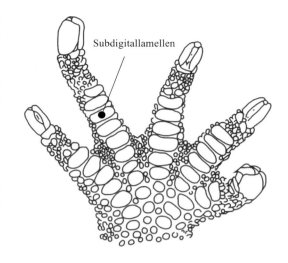

Die einzelnen Gattungen lassen sich anhand des folgenden Bestimmungsschlüssels leicht unterscheiden:

1a Dorsaler Teil des Rostrale komplett .... **weiter bei 2**

1b Dorsaler Teil des Rostrale gespalten .... **weiter bei 3**

2a Hintere Grenze des Rostrale gerade, dehnt sich nicht bis zur imaginären Linie zwischen den beiden vorderen Rändern der Nasenlöcher aus; 58–71 Schuppen um mittlere Sektion des Originalschwanzes; Weibchen mit deutlichen Femoralporen; keine nuchale Schleife .... ***Aeluroscalabotes***

2b Hintere Grenze des Rostrale leicht bis stark v-förmig, dehnt sich bis zur imaginären Linie zwischen den beiden vorderen Rändern der Nasenlöcher aus; 23–49 Schuppen um mittlere Sektion des Originalschwanzes; Weibchen ohne Femoralporen; nuchale Schleife vorhanden .... ***Coleonyx***

3a Dorsale Kopfschuppen granular und rundlich, manchmal mit größeren Tuberkelschuppen durchsetzt; Subdigitallamellen quer vergrößert;

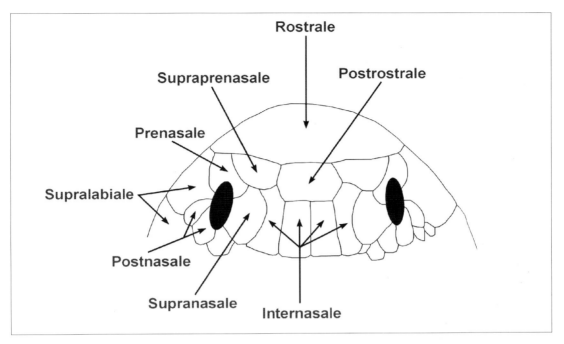

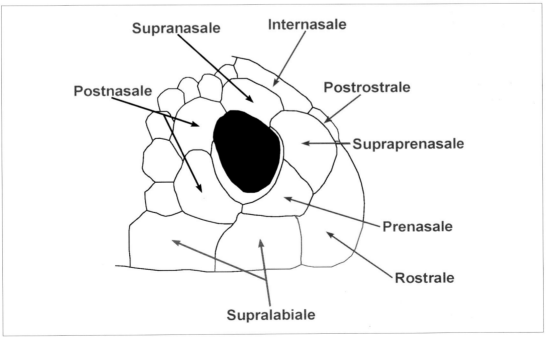

Färbung der Körperoberseite verschmilzt lateral langsam mit der Färbung der Körperunterseite; an den vorderen Teil der Nasenlöcher grenzende Schuppen größer als umliegende .... **weiter bei 4**

3b Dorsale Kopfschuppen vergrößert und sechseckig, teilweise halb tuberkelartig; Subdigitallamellen nicht quer vergrößert, setzen sich aus kleinen, granularen bis leicht tuberkelartigen Schuppen zusammen (ähnlich denen auf dem seitlichen Rand der Zehen); Färbung der Körperober- und Körperunterseite deutlich lateral getrennt; an den vorderen Teil der Nasenlöcher grenzende Schuppen gleich groß wie umliegende .... **weiter bei 5**

4a Schuppen auf dem Rücken spitz und durchsetzt mit großen Tuberkeln; Schuppen auf den Gliedmaßen spitz; oberes Augenlid mit deutlichen tuberkelartigen Schuppen; Originalschwanz der Adulti mit deutlichen, schwarzen und weißen Bändern; kleine Achseltaschen können vorhanden sein; vergrößerte Tuberkelschuppen um die äußere Ohröffnung fehlen .... ***Goniurosaurus***

4b Schuppen auf dem Rücken granular, mit oder ohne einzelne, vergrößerte Tuberkel; Schuppen auf den Gliedmaßen granular bis dachziegelartig, mit oder ohne einzelne, vergrößerte Tuberkel; oberes Augenlid ohne tuberkelartige Schuppen; Originalschwanz der Adulti ohne deutliche, schwarze und weiße Bänder; tiefe Achseltaschen vorhanden; vergrößerte Tuberkelschuppen um die äußere Ohröffnung vorhanden .... ***Eublepharis***

5a Präanalporen in zwei Reihen angeordnet, treffen sich median in einem Winkel von ca. 90°; ventrale Körperschuppen dachziegelartig; Krallen der Finger kurz, von vier Schuppen umhüllt; erste Schuppenreihe des oberen Augenlides flach; Haut entlang des dorsalen Randes der äußeren Ohröffnung zu kleiner Ohrenklappe verdickt; vergrößerte Tuberkelschuppen um die äußere Ohröffnung vorhanden; dorsale Körpertuberkel bestehen aus drei Schuppen, wobei die mittlere Schuppe doppelt so groß ist wie die beiden anderen; Originalschwanz mit deutlichen Schwanzsegmenten .... ***Hemitheconyx***

5b Präanalporen in einer fast geraden Linie angeordnet, treffen sich median in einem Winkel von maximal 30°; ventrale Körperschuppen nicht dachziegelartig; Krallen der Finger sehr lang, nicht mit Schuppen umhüllt; erste Schuppenreihe des oberen Augenlides konisch und gewölbt; Haut entlang des dorsalen Randes der äußeren Ohröffnung nicht verdickt, eine Ohrenklappe fehlt; vergrößerte Tuberkelschuppen um die äußere Ohröffnung fehlen; dorsale Körpertuberkel bestehen aus einer vergrößerten Schuppe, umgeben von erheblich kleineren, granularen Schuppen; Schwanz ohne deutliche Schwanzsegmente .... ***Holodactylus***

1827 beschrieb GRAY den ersten Vertreter der Gattung *Eublepharis*, der „Leopardgeckos". Diese Art – *Eublepharis hardwickii* – unterscheidet sich deutlich von den anderen Vertretern der Gattung, die im Aussehen und Verhalten sehr homogen wirken. Der in Deutschland bekannteste Leopardgecko – *Eublepharis macularius* – wurde 1854 von BLYTH beschrieben.

Heute werden der Gattung *Eublepharis* vier Arten zugeordnet:

Eublepharis hardwickii GRAY, 1827
Eublepharis macularius BLYTH, 1854
Eublepharis angramainyu ANDERSON & LEVITON, 1966
Eublepharis turcmenicus DAREVSKIJ, 1977

Der folgende Bestimmungsschlüssel dient zur Unterscheidung der vier genannten Arten, die teilweise leicht miteinander verwechselt werden können:

1a Dorsale Tuberkelschuppen hoch und spitz; Jungtierfarbmuster verliert sich bis zum Adultstadium; drei bis vier Farbbänder zwischen

Nackenschleife und Schwanzansatz; Nackenschleife umschließt nicht alle Supralabialia und das Rostrale; Körpertuberkel mit Zwischenräumen, berühren sich nicht; granulare Schuppen zwischen den Tuberkelschuppen ca. ¼ so groß wie Tuberkelschuppen .... **weiter bei 2**

1b Dorsale Tuberkelschuppen niedrig und flach; Jungtierfarbmuster bleibt bei Adulti erhalten; zwei Bänder zwischen Nackenschleife und Schwanzansatz; Nackenschleife umschließt alle Supralabialia und das Rostrale; Körpertuberkel berühren sich; granulare Schuppen zwischen den Tuberkelschuppen viel kleiner als Tuberkelschuppen .... ***hardwickii***

2a Anzahl der Schuppen im Augenlidrand 41–48; Subdigitallamellen glatt, deren Enden ungeteilt; ventrale Schuppen sechseckig; Durchmesser der dorsalen Tuberkelschuppen entsprechen dem Abstand zueinander; Rostrale 1,5-mal so breit wie hoch; Farbzeichnung der Adulti auf dem Kopf besteht aus Flecken, welche zu Linien verschmelzen .... **weiter bei 3**

2b Anzahl der Schuppen im Augenlidrand 46–57; Subdigitallamellen tuberkelartig, deren Ende gespalten; ventrale Schuppen nicht sechseckig; Durchmesser der dorsalen Tuberkelschuppen kleiner als der Abstand zueinander; Rostrale doppelt so breit wie hoch; Farbzeichnung der Adulti auf dem Kopf besteht aus variabel angeordneten Flecken .... ***macularius***

3a Schwanzsegmente mit drei Reihen ventraler Schuppen; 41–48 Augenlidrandschuppen; Präanalporen der Männchen treffen sich median .... ***angramainyu***

3b Schwanzsegmente mit vier Reihen ventraler Schuppen; 54–55 Augenlidrandschuppen; Präanalporen der Männchen treffen sich nicht, Zwischenraum von 1–4 Schuppen ohne Präanalporen .... ***turcmenicus***

Eublepharis hardwickii
nach GÜNTHER (1864)

Anhand dieses Bestimmungsschlüssels kann man erkennen, dass *Eublepharis hardwickii* innerhalb der Gattung einen Sonderstatus einnimmt: Während die drei anderen Vertreter nur schwer voneinander zu unterscheiden sind, sind die Unterschiede gegenüber *Eublepharis hardwickii* schnell und eindeutig erkennbar. Diese Erkenntnis ließ in der Vergangenheit auch schon den Gedanken aufkeimen, *Eublepharis hardwickii* in eine eigene Gattung zu stellen. Auch wir vertreten die Auffassung, dass es sich bei diesem Gecko um den Vertreter einer monotypischen Gattung handelt. Da aber die Gattung *Eublepharis* anhand dieser Spezies beschrieben worden ist, würde daraus resultieren, dass die anderen drei Vertreter einen neuen Gattungsnamen erhalten müssten.

Während die Systematik bei den Arten *Eublepharis hardwickii* und *Eublepharis angramainyu* klar abgegrenzt ist und keinerlei Unterarten bekannt sind, existieren zu *Eublepharis macularius* unter den Wissenschaftlern große Meinungsverschiedenheiten. Mangels hinreichend zahlreicher Tiere für eingehende Untersuchungen konnte lange Zeit keine eindeutige Aussage über die Systematik von *Eublepharis turcmenicus* getroffen werden. GRISMER veröffentlichte 1991 eine Untersuchung zur Abgrenzung der verschiedenen Arten untereinander, gab jedoch im Schlusswort zu bedenken, dass ihm für die Skelettuntersuchung lediglich ein Exemplar von *Eublepharis turcmenicus* zur Verfügung stand und weitere Untersuchungen dringend vonnöten wären. Er weist *Eublepharis turcmenicus* als Schwesterart von *Eublepharis macularius* aus. Mittlerweile hat sich aufgrund weiterer Untersuchungen und entsprechend umfangreicheren Untersuchungsmaterials die Art *Eublepharis turcmenicus* fest etabliert und ist international anerkannt. RÖSLER (1999) bestätigt die Auffassung von GRISMER (1991), zeigt aber auf, dass die Unterscheidungsmerkmale gegenüber *Eublepharis macularius* nicht eindeutig sind. Somit ist der von uns angegebene Schlüssel nur bedingt einsetzbar. Eine genaue Fundortangabe ist im Moment die einzige sichere Methode, die Tiere zuzuordnen.

Aufgrund der Variabilität von *Eublepharis macularius* ist diese Spezies immer wieder in Unterarten bzw. neue Arten aufgeteilt worden. In der Nomenklatur findet sich eine ganze Reihe von Synonymen (Beschreibungen von „neuen" Arten, die letztlich aber wieder einer schon zuvor beschriebenen Spezies zugeordnet wurden):

Eublepharis fasciolatus GÜNTHER, 1864 wurde 1935 von SMITH wieder *Eublepharis macularius* zugeordnet;

Eublepharis gracilis BÖRNER, 1974 wurde 1988 von GRISMER wieder zu *Eublepharis macularius* gestellt;

Eublepharis afghanicus BÖRNER, 1976 wurde 1988 von GRISMER als Unterart *Eublepharis macularius afghanicus* definiert;

Eublepharis fuscus BÖRNER, 1981 wurde 1988 von GRISMER als Unterart *Eublepharis macularius fuscus* bewertet.

Nach dem heutigem Stand der Wissenschaft sind daher folgende Unterarten von *Eublepharis macularius* anerkannt:

Eublepharis macularius macularius BLYTH, 1854
Eublepharis macularius afghanicus BÖRNER, 1974
Eublepharis macularius fasciolatus GÜNTHER, 1864
Eublepharis macularius fuscus BÖRNER, 1981
Eublepharis macularius montanus BÖRNER, 1976
Eublepharis macularius smithi BÖRNER, 1981

In den 70er Jahren und Anfang der 80er Jahre begann Herr BÖRNER damit, sich intensiv mit der Systematik der Lidgeckos, vor allem der Gattung *Eublepharis*, zu beschäftigen. Dabei fiel ihm die Variabilität in Größe und Farbe auf,

Anzahl der Subdigitallamellen

Eublepharis	Anzahl Lamellen unter 4. Finger	Anzahl Lamellen unter 4. Zehe
afghanicus	15–16	18–21
fasciolatus	13–19	19–24
macularius	12–16	17–20
smithii	12–13	18–20
fuscus	15–20	20–25
montanus	15–20	20–25

die bei *Eublepharis macularius* in den unterschiedlichen Verbreitungsgebieten zu beobachten ist. 1988 erschien eine umfangreiche Arbeit von Dr. LEE GRISMER, die sich mit der gesamten Familie der Lidgeckos beschäftigt. Darin korrigierte der Autor aufgrund zahlreicher Untersuchungen die Systematik der Eublepharidae inklusive der Gattung *Eublepharis*. Nach mündlicher Mitteilung von Herrn Dr. GRISMER bedarf die Gattung *Eublepharis* – insbesondere die Art *Eublepharis macularius* – noch weiterer Analysen, um alle Arten und Unterarten klar differenzieren zu können. Aufgrund der großen Variabilität innerhalb der Spezies *Eublepharis macularius* sind die einzelnen Unterarten nur sehr schwer voneinander zu unterscheiden, wenn nicht genaue Fundortangaben vorliegen. Auch hier ist eine genaue Zuordnung also nur durch den Fundort gesichert. Ob die Unterarten ihren Status behalten, kann nur durch weitere Untersuchungen geklärt werden.

Zum Abschluss dieses Kapitels zeigen wir noch die systematische Einordnung des Leopardgeckos *Eublepharis macularius* innnerhalb der Reptilien:

Klasse:
Kriechtiere (Reptilia)
Ordnung:
Eigentliche Schuppenkriechtiere (Squamata)
Unterordnung:
Echsen (Sauria)
Zwischenordnung:
Geckoartige (Gekkota)
Familie:
Lidgeckos (Eublepharidae)
Unterfamilie:
Eigentliche Lidgeckos (Eublepharinae)
Gattung:
Leopardgeckoartige (*Eublepharis*)
Art:
Leopardgecko (*Eublepharis macularius*) sechs Unterarten

Eublepharis macularius
Foto: B. Love/Blue Chameleon Ventures

Verbreitung und Lebensraum

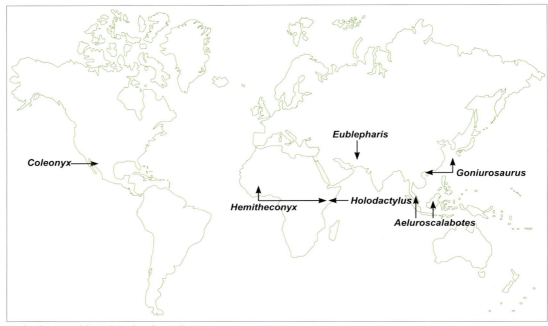

Verbreitungsgebiete der einzelnen Gattungen

Das Entstehungsgebiet der Familie Eublepharidae liegt wie das aller Geckos in Südostasien. Von dort aus haben die sechs Gattungen dieser Familie die verschiedenen Kontinente erobert (siehe Karte).

Verbreitungsgebiete der einzelnen Gattungen:

Aeluroscalabotes – Südostasien
Coleonyx – Südliches Nord- und Mittelamerika
Eublepharis – Mittlerer Osten (Zentral- bis Südasien)
Goniurosaurus – Insel Hainan Dao (VR China), Isle de Norway (Vietnam), Ryu-Kyu-Archipel (Japan), Vietnam
Hemitheconyx – West- und Ostafrika (von der Sahelzone bis Somalia)
Holodactylus – Ostafrika (von Äthiopien bis Tansania)

Uns interessiert in diesem Zusammenhang nur die Gattung *Eublepharis*, die ein recht ausgedehntes Verbreitungsgebiet bewohnt (siehe Karte S.13): Es reicht von Bangladesch und der Region um Kalkutta (Westbengalen) westwärts durch Indien, Pakistan, Afghanistan, den Iran und den Irak bis nach Syrien.

Die Art *Eublepharis turcmenicus* bewohnt den nördlichsten Teil dieses großen Gebietes, d.h. Nordiran und einige isolierte Regionen in Turkmenistan. Dabei zeigt sich, dass auf der Verbreitungskarte ein großer „weißer Fleck" existiert: Aus diesem sich etwa zwischen Pakistan und Afghanistan im Osten und dem Iran im Westen erstreckenden Gebiet gibt es bislang keine Informationen über Fundorte irgendeiner Lidgeckoart. Die Ursache dafür liegt zum ei-

Verbreitungsgebiete der *Eublepharis*-Arten

nen darin, dass der Iran in der Vergangenheit aufgrund der politischen Situation schwer zu bereisen war, zum zweiten in den geographischen Barrieren: Im östlichen und im westlichen Teil des Landes erstrecken sich zwei große Gebirgszüge, die jeweils von Norden nach Süden reichen. Diese Bergmassive bilden vermutlich die primäre geographische Schranke für jede weitere Ausdehnung der Lidgeckoarten. Die Verbreitungsgebiete der *Eublepharis*-Arten sind:

angramainyu – von Südwestiran über den nördlichen Irak bis Nordsyrien in Höhenlagen zwischen 300 und 1.000 m ü. NN
hardwickii – Bangladesch, Ostindien
macularius afghanicus – Einzugsgebiet des Kabul River um Jalabad (Nordostafghanistan)
macularius fasciolatus – Küstenregion um Hyderabad, Hyderabad und Federal District (Südostpakistan)
macularius fuscus – Küstenregion nördlich von Bombay (Westindien)
macularius macularius – vom Salt Range bis Lahore, Punjab (Nordostpakistan)
macularius montanus – Gebirgszug zwischen Bela und Quetta, Distrikte Sibi und Quetta (Süd- bis Zentralpakistan)
macularius smithi – Region um New Delhi (Nordindien)
turcmenicus – Grenzgebiet zwischen Iran und Turkmenistan, nördlich und südlich des Kopet-Dagh-Gebirges.

Aus diesen Angaben wird deutlich, dass *Eublepharis macularius* nur in Pakistan, Afghanistan und Indien vorkommt. Die in der Vergangenheit beschriebenen Fundorte im Iran, in Syrien und im Irak sind folglich *Eublepharis angramainyu* zuzuordnen.

Leider fehlen zu vielen in unseren Terrarien gehaltenen Varianten die genauen Fundortangaben. Da die meisten Tiere über den Handel ihren Weg zum Liebhaber finden, gestaltet sich eine genaue Bestimmung sehr schwierig, weil ihre Herkunft nicht exakt zu rekonstruieren ist. Dies gilt auch für viele Exemplare in zoologischen Instituten. Aufgrund fehlender Untersuchungen kann heute leider noch keine genaue Verbreitungskarte der einzelnen Unterarten von *Eublepharis macularius* erstellt werden. Die

Eublepharis turcmenicus mit Lebensraum
Fotos: A. Nöllert

Verbreitung und Lebensraum

Verbreitungsangaben sind lediglich als Anhaltspunkte zu betrachten, da die Grenzen zwischen den einzelnen Verbreitungsgebieten noch einiger Untersuchungen bedürfen.

Leopardgeckos bevorzugen innerhalb ihrer jeweiligen Verbreitungsgebiete trockene bis halbtrockene, steppenartige Landstriche. In den südlichen Regionen handelt es sich auch schon um den so genannten tropischen Trockenwald. In der Regel sind diese Gebiete jedoch ökologisch den subtropischen und tropischen Wüsten und Halbwüsten zuzuordnen. Die Fundpunkte sind durch lehmigen oder steinigen Boden charakterisiert. Die Tiere scheinen reine Sandflächen zu meiden und sind aus diesem Grund in Sandwüsten nicht zu finden.

Als Bodenbewohner bevorzugt der Leopardgecko Erdhöhlen oder Rückzugsmöglichkeiten (Hohlräume) unter Steinen, die er mit seinen starken Krallen zu Wohnkammern erweitert. Weiterhin findet man ihn in verlassenen Nagerhöhlen, die er ebenfalls seinen Bedürfnissen angepasst hat. Größere Kolonien existieren überall dort, wo eine gewisse Umgebungsfeuchtigkeit gewährleistet ist. Leopardgeckos klettern gerne und sind deshalb auch auf Steinen und auf anderen Erhebungen anzutreffen. Im Gebirge kommen die Tiere noch bis in Höhen von über 2.100 m ü. NN vor.

Das Klima in ihrem Verbreitungsgebiet ist im Sommer etwas feuchter und sehr heiß, mit Tagestemperaturen bis zu 40 °C, im Winter dagegen eher trocken und kühl, mit Tagestemperaturen unter 20 °C. In der Nacht fallen die Werte teilweise unter den Gefrierpunkt. Geckos aus größeren Höhenlagen müssen im Winter mit Temperaturen von bis zu -20 °C zurecht kommen (mündl. Mitteilung H. SEUFER). Im nördlichen Verbreitungsgebiet von *Eublepharis macularius* legen die Echsen von Mitte November bis Anfang März eine Winterruhe ein.

Genauere Einzelheiten entnehmen Sie bitte den Klimadiagrammen.

In den südlichen Verbreitungsgebieten fallen die Niederschläge etwas ergiebiger aus: Sie betragen im Januar 10–20 mm, im Juli sogar 50–130 mm. Hieran lässt sich erkennen, dass *Eublepharis macularius* dort einer wesentlich höheren Umgebungsfeuchte ausgesetzt ist als Tiere aus den zentralen und westlichen Regionen (d. h. von Pakistan und Afghanistan bis Syrien).

Lebensraum nahe Karachi/Südpakistan
Foto: T. Müller

Da sich aber auch die letztgenannten Geckos tagsüber in Höhlen aufhalten, muss eine komplett trockene Haltung vermieden werden. Die Erdhöhlen weisen immer eine geringe Substratfeuchte und eine mäßige relative Luftfeuchtigkeit auf, welche die Tiere auf jeden Fall benötigen.

Rechts: Klimadiagramme für verschiedene Orte in Pakistan

Verbreitung und Lebensraum

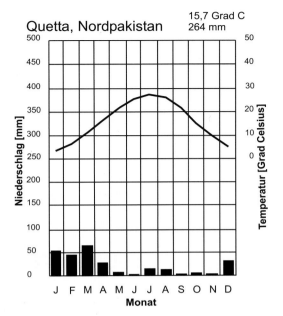

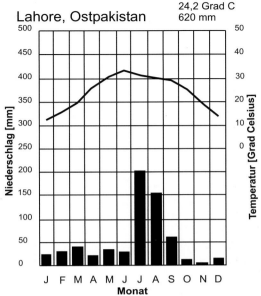

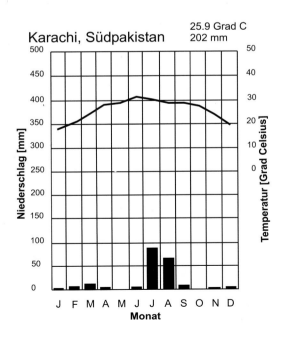

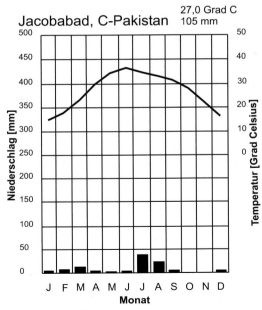

Verbreitung und Lebensraum

Lebensräume von *Eublepharis macularius macularius* in Pakistan.
Oben: Kirthar Range
Unten: District Baluchistan   Fotos: S. Svatek

Die *Eublepharis*-Arten und -Unterarten

Das Auge von *Eublepharis macularius*
Foto: W. Henkel

Charakteristisch für die Gattung *Eublepharis* und alle übrigen Lidgeckos sind in erster Linie die beweglichen Augenlider, die diese Arten von allen anderen Geckoartigen unterscheiden. Durch sie sind diese Geckos in der Lage, ihre Augen – u. a. auch als Schutzmaßnahme beim Ergreifen eines Beutetieres – zu schließen. Weiterhin haben die Lidgeckos keine Haftmechanismen entwickelt, obwohl die Unterseiten der Zehen mit einer Querreihe von Lamellen ausgestattet sind. Jede Zehe besitzt eine nicht einziehbare Kralle, die gut ausgeprägt ist und zum Graben und Erweitern der Erdhöhlen benötigt wird.

Der Körper ist walzenartig gedrungen und dorsal leicht abgeflacht. Besonders auffällig sind die großen, gut sichtbaren Ohröffnungen. Der kräftige Schwanz ist rundlich und deutlich segmentiert. Dies trifft aber nur bei „Originalen" zu. Regenerierte Schwänze nehmen hinter der Bruchstelle eine rübenartige Form an, und auch Schuppen und Farbe entsprechen nicht mehr dem ursprünglichen Befund. Der sehr kräftige Kopf weist eine leicht dreieckige Form auf und ist deutlich vom Körper abgesetzt.

Die Haut setzt sich (wie bei allen Reptilien) aus drei Schichten zusammen; da die äußere aus abgestorbenen Keratinzellen besteht, wächst sie nicht mit und muss laufend bei Häutungen abgestoßen werden. Bei Jungtieren ist dies häufiger der Fall als bei erwachsenen Geckos, da erstere schneller wachsen. Die erste Häutung erfolgt bereits kurz nach dem Schlupf. Angekündigt wird das Einsetzen dieses Prozesses durch die stumpfe bzw. grauweiße Verfärbung der Haut; auch können sich kurz vorher die Augen leicht eintrüben. Anschließend löst sich die alte Hülle in ziemlich großen, unregelmäßigen

Rechts: Unterseite des Hinterfußes bei einem Leopardgecko
Foto: W. Henkel

Arten und Unterarten

Eublepharis macularius bei der Häutung
Foto: B. Love/Blue Chameleon Ventures

Fetzen ab, wobei die Leopardgeckos diesen Vorgang aktiv unterstützen, indem sie die losen Partien mit dem Maul abziehen und auffressen. Gelegentlich kann es länger als einen Tag dauern, bis sich ein Leopardgecko vollständig gehäutet hat.

Im Folgenden wollen wir kurz alle *Eublepharis*-Arten und -Unterarten vorstellen, da sie sehr leicht miteinander verwechselt werden können. Wir müssen aber an dieser Stelle auch darauf hinweisen, dass die aufgeführten Merkmale eine einwandfreie Identifikation nicht bei allen Arten und Unterarten zulassen. Leider sind (noch) keine eindeutigen morphologischen

Eublepharis macularius frisst seine Haut
Foto: R. Stockey

Merkmale bekannt, die eine klare Abgrenzung möglich machen. Zur sicheren Unterscheidung der Arten werden in der Zukunft wahrscheinlich genetische Untersuchungen einen wichtigen Beitrag leisten können. Momentan können wir nur die Empfehlung geben, die Tiere mit einem sicher bekannten Fundort nicht mit anderen Tieren unbekannter Herkunft zu vergesellschaften. Die Vermischung der Unterarten dürfte problemlos möglich sein, wogegen eine Bastardisierung der Arten bisher noch nicht bekannt ist.

Eublepharis hardwickii

Die Grundfarbe des Körpers ist mittel- bis dunkelbraun. Zwei deutlich abgesetzte helle Querbänder verlaufen zwischen dem Nackenband (der sog. nuchalen Schleife) und dem Schwanzansatz. Zwischen den Querbändern befinden sich keine weiteren Flecken, die Zwischenräume sind also einfarbig. Auch im dorsalen Bereich fehlen zusätzliche lineare Zeichnungselemente. *Eublepharis hardwickii* schlüpft folglich schon in seiner Adultfärbung aus dem Ei, was sonst bei keinem anderen Vertreter der Gattung *Eublepharis* vorkommt. Die nuchale Schleife dehnt sich weit über den Nackenbereich hinaus. Interessant ist auch die Beschuppung dieser Art: Nur bei ihr haben die Tuberkelschuppen auf dem Körper ein sehr niedriges bzw. flaches Profil. Außerdem berühren sich die dorsalen Körpertuberkel – bei den anderen Vertretern der Gattung liegen sie weit auseinander. Die granularen Schuppen zwischen den Tuberkeln haben ca. ¼ der Größe der letztgenannten, während sie bei den anderen Vertretern viel kleiner sind.

Anhand dieser eindeutigen Unterschiede lässt sich *Eublepharis hardwickii* auch optisch leicht von den übrigen Vertretern der Gattung *Eublepharis* unterscheiden. Jedoch sind weltweit derzeit keine von Liebhabern gepflegten Tiere bekannt.

Eublepharis angramainyu

Eublepharis angramainyu ist nahe verwandt mit *Eublepharis macularius*, und in der Vergangenheit wurden beide häufig miteinander verwechselt. Ein prägnantes Unterscheidungsmerkmal stellen die glatten Subdigitallamellen dar, die anders als bei *Eublepharis macularius* nicht mit Tuberkeln besetzt sind.

Körperform und -zeichnung entsprechen dem Befund bei *Eublepharis macularius*, so dass beide Arten leicht zum Opfer von Verwechslungen werden. Die Gesamtlänge beläuft sich auf 250 mm, wovon 100 mm auf den Schwanz entfallen. Bedingt durch die kräftige Kiefermuskulatur ist der Kopf sehr breit und in der Draufsicht ausgeprägt dreieckig. Ins Auge fällt auch die gelbbraune bis goldfarbene Iris.

Die Kopfzeichnung besteht aus dunklen Flecken, die zu breiten Linien verschmelzen. Dieses Muster fehlt auf dem Kopf von *Eublepharis macularius*: Hier gehen die einzelnen Flecken nicht ineinander über, sondern bilden eine reine Fleckenzeichnung ohne breite Linienelemente. Auf dem Rücken befindet sich eine helle, auf jeder Seite von einem unterbrochenen schwarzen Streifen begleitete Vertebrallinie, die vom Nacken bis zur Schwanzwurzel reicht. Eine dunkle Fleckenzeichnung ist also linear auf jeder Seite der erwähnten Vertebrallinie zu sehen. Analog sind die dunklen dorsolateralen Flecken angeordnet. Die Anzahl der Körperbänder zwischen Nacken und Schwanzbasis variiert von drei bis vier. Das mittlere Band ist das größte: Seine Breite entspricht fast jener der helleren Zwischenräume, die mit dunklen Tuberkeln übersät sind. Die schmalen Ränder dieser Bänder sind wesentlich dunkler als das Zentrum. Die Bereiche zwischen den einzelnen Körperbinden sind nicht einfarbig, sondern unregelmäßig gefleckt. Zahlreiche dunkle Punkte und Striche zieren die Beine; der Schwanz weist dunkle Ringe auf, die breiter als die hellen Zwischenräume aus-

Eublepharis angramainyu aus Syrien   Foto: H. Martens

fallen. Bei den Jungtieren sind die drei dorsalen Bänder dunkel.
Wie bei *Eublepharis macularius* und *Eublepharis turcmenicus* besteht die Beschuppung aus kleinen, flachen Schuppen und großen, halbkegelförmigen Tuberkeln. Die Tuberkel auf dem Rücken sind auf jeden Fall kleiner als die sie umgebenden Zwischenräume. Sie werden immer größer und runder, je weiter sie zu den Flanken hin bzw. auf diesen angeordnet sind. Hier fallen dann auch die Zwischenräume erheblich kleiner aus. Die Bauchschuppen sind glatt und – anders als bei *Eublepharis macularius* – sechseckig, was uns ein weiteres Unterscheidungsmerkmal liefert. Der Schwanz ist mit kleinen Schuppen und abgeflachten Tuberkeln besetzt. Die Hemipenistaschen treten beim Männchen deutlich in Erscheinung. Beide Geschlechter haben Präanalporen, doch sind diese bei den Männchen sichtbar stärker ausgebildet.

Einige Angaben zum Lebensraum und zur Verbreitung finden wir in der Arbeit von MARTENS & KOCK (1991). Hierin wird der Erstnachweis für Syrien erbracht. Eine kurze Beschreibung des Lebensraums bezieht sich auf das gesamte Untersuchungsgebiet in Nordsyrien, von Ra's al-Ain an der syrisch-türkischen Grenze bis zur Mündung des Khabur in den Euphrat bei Busaira im Süden. Es handelt sich hierbei um Lehm- bzw. Wüstensteppen. Die Art wurde zusammen mit der Geckoart *Stenodactylus grandiceps* in der Nacht auf einer Asphaltstraße gefunden. Dieser Fundort stellt das westlichste bisher bekannte Verbreitungsgebiet der Gattung *Eublepharis* dar.
Die Angaben von SCHMIDLER (1970) beziehen sich auf ein Verbreitungsgebiet im südwestlichen Iran, genauer gesagt auf die Provinz Luristan. Im Ort Shahbazan, er liegt ungefähr 500 m hoch in einem Gebiet zwischen Vorge-

Arten und Unterarten

birge und Hochgebirge, fingen Einheimische ein Exemplar von *E. angramainyu*. Der Gecko soll in der Nähe einer Quelle gefunden worden sein. Die Angaben zur Körpergröße von 25 cm sind wahrscheinlich als Gesamtlänge zu interpretieren. Das Tier soll sich alle drei bis vier Wochen gehäutet haben, was vermuten lässt, dass es noch nicht ausgewachsen war.

Anhand des großen Verbreitungsgebietes sind unbedingt weitere Untersuchungen an den verschiedenen Populationen notwendig. Vor allem dürften Kenntnisse der Populationen im Iran zu wichtigen Aufschlüssen über die Abgrenzung zu anderen Arten liefern.

Eublepharis turcmenicus

Eublepharis turcmenicus ist ebenfalls nahe mit *Eublepharis angramainyu* verwandt. Das einzige mit bloßem Auge sichtbare Unterscheidungsmerkmal tritt nur bei den Männchen der beiden Arten zutage: Bei *Eublepharis turcmenicus* sind die Präanalporen median durch 1–4 Schuppen ohne Poren getrennt. An weiteren äußerlichen Unterscheidungsmerkmalen sind nur die Schuppenzahlen der Schwanzsegmente bzw. der Augenlidränder bekannt. Eine auffällig weiße Zehenzeichnung, die offenbar häufig bei *E. turcmenicus* auftritt, ist kein sicheres Indiz für diese Art. Diese Tatsachen ließen in der Vergangenheit die Vermutung aufkommen, die Art sei lediglich als Unterart von *Eublepharis angramainyu* anzusehen. Die ebenso offensichtliche wie beträchtliche geographische Trennung der beiden Spezies ist jedoch ein Indikator für die lange währende Isolation und die daraus resultierenden spezifischen Unterschiede. Jungtiere schlüpfen mit einer Gesamtlänge von etwa 8,5 cm.

Eublepharis turcmenicus   Foto: N. L. Orlov

RÖSLER & SZCZERBAK (1993) nehmen an, dass die Schlupfmasse von *E. turcmenicus* weniger als 4 g beträgt. Ihre Angaben zum Wachstum eines Jungtiers zeigen ein unterschiedliches Wachstumsverhältnis zwischen Kopf-Rumpf-Länge und Schwanzlänge. So stellen sie fest, dass innerhalb von 26 Monaten die Längenzunahme der Kopf-Rumpf-Länge 71,4 % betrug, während die Schwanzlänge um 115 % zugenommen hatte. In dieser Zeit ist der Gecko von 110 mm auf 206 mm herangewachsen. Gleichzeitig stieg das Gewicht von 6,12 g auf 36,36 g. Nach der Überwinterung schrumpfte die Gesamtlänge auf 193 mm (Kopf-Rumpf-Länge 114 mm) bei einem Gewicht von 37,02 g. Alle Angaben beruhen auf Terrarienhaltung. In der Arbeit wird bemerkt, dass dies in der Natur ganz anders verlaufen könnte. Gerade Wachstum und Gewichtszunahme hängen sehr stark von den Umweltbedingungen und dem Futterangebot ab.

Eublepharis macularius

Der Körperbau, die Beschuppung sowie die Färbung entsprechen bis auf wenige klare Unterschiede dem Befund bei *Eublepharis angramainyu*. Das deutlichste Unterscheidungsmerkmal stellt die Beschaffenheit der Subdigitallamellen dar: Diese sind bei *Eublepharis macularius* mit Tuberkeln besetzt, während sie bei *Eublepharis angramainyu* glatt ausfallen. Weiterhin sind die ventralen Schuppen des Körpers nicht sechseckig wie bei der Schwesterart. Zudem unterscheiden sich die beiden Spezies noch durch die unterschiedliche Kopfzeichnung, was in manchen Fällen zu Missverständnissen führen kann. Sie ist bei beiden Arten nämlich wiederum überaus variabel und kann sich in Einzelfällen sehr ähneln. Eine sichere Unterscheidung lässt sich deshalb nur anhand der Beschuppung des Bauches bzw. der Beschaffenheit der Subdigitallamellen vornehmen.

Aufgrund der schwierigen Abgrenzung in Bezug auf die Körperzeichnung sind die Unterschiede zwischen den Unterarten von *Eublepharis macularius* sehr umstritten. Einfacher ist es daher für den Terrarianer, wenn er den genauen Fundort des jeweiligen Tieres kennt. Zusammen mit den spezifischen Eigentümlichkeiten in Körperform und Zeichnung ermöglicht dieses Kriterium, die einzelnen Unterarten voneinander abzugrenzen.
Eine Unterscheidung der Unterarten kann anhand der folgenden Angaben nur mit Vorbehalten vorgenommen werden: Die zweifelsfreie Diagnose ist u. U. nicht so einfach möglich. Hier sind weitere Untersuchungen unbedingt nötig.

Eublepharis macularius macularius

Eublepharis macularius macularius ist eine schlanke, leichtgewichtige Unterart. Ihr Körper erscheint lang gestreckt und weniger massiv. Sie ähnelt stark *Eublepharis macularius fasciolatus*, kann jedoch von dieser Subspezies anhand folgender Merkmale unterschieden werden: Weniger (12–15) Lamellen unter dem vierten Finger; weniger (17–18) Lamellen unter der vierten Zehe; ventrale Schuppen lang gestreckt; hellere Färbung mit nur einer Reihe dunkler Flecken in hellen Intervallen des Rückens; sechs dunkle Schwanzbänder

Eublepharis macularius afghanicus

Dr. LEE GRISMER untersuchte 1988 verschiedene Exemplare. Die einzigen Unterschiede gegenüber den anderen Subspezies sind das fehlende sakrale (d.h. im Kreuzbereich verlaufende) Band, das nicht konvergierende Farbmuster und die längere Schnauze.

Eublepharis macularius fasciolatus

Die Unterschiede zu den anderen Unterarten beschränken sich nach dem gegenwärtigen

Eublepharis macularius afghanicus aus Afghanistan Foto: H. Seufer

Kenntnisstand auf die Zeichnung, erstrecken sich also nicht auf den Körperbau oder die Beschuppung.

Bei *Eublepharis macularius fasciolatus* konvergieren die Köperbänder zu den Flanken. Der vertebrale Streifen ist auf der vorderen Rumpfhälfte deutlich ausgebildet. Auf dem Hinterkopf befinden sich große, deutliche Halbkreisflecken. Die Zahl der dunklen Querbänder auf dem Schwanz beträgt vier bis fünf.

Eublepharis macularius fuscus

Diese Unterart mutet aufgrund ihrer Zeichnung recht düster an. Insgesamt wirken die Tiere bräunlich. Die Grundfarbe besteht aus einem dunklen Gelbton. Die breiten, dunklen Querbänder verschmelzen an den Flanken miteinander, während sich auf Kopf und Rücken große, dunkle Flecken finden. Die vertebrale Linie ist klar und deutlich zu erkennen. Auffällig ist auch die verhältnismäßig lange Schnauze.

Eublepharis macularius montanus

Die Körperbänder haben eine sechseckige, rautenförmige oder dreieckige Form, wobei die Spitze immer in Richtung des Schwanzes zeigt. Dieses Muster ist schon bei den Jungtieren zu erkennen. Außerdem zeichnet sich die vertebrale Linie sehr undeutlich ab. Die Kopfzeichnung besteht aus mehreren ungleichmäßig angeordneten Flecken.

Eublepharis macularius fuscus
Foto: W. Henkel

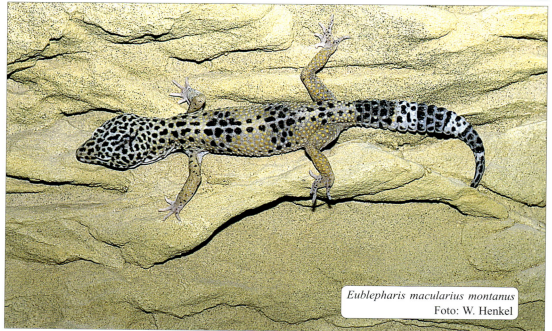

Eublepharis macularius montanus
Foto: W. Henkel

Eublepharis macularius smithi

Eublepharis macularius smithi ist eine recht schlanke Unterart. Die Anzahl der Tuberkel unter dem vierten Finger (12–13) und unter der vierten Zehe (18–20) ist geringer als bei den anderen Unterarten. Die dorsalen Querbinden haben eine rechteckige Form mit rückwärtiger „Kerbe". Die dunklen Dorsalflecken verschmelzen tendenziell zu einem Längsstreifen. Auf dem Kopf befinden sich große und breite Flecken. Die vertebrale Linie ist deutlich zu erkennen und gut ausgeprägt. Diese Unterart trägt auf dem Schwanz sechs dunkle Querbänder.

Neue Formen

Immer wieder kommen über den Handel neue Formen zu den Liebhabern. Leider fehlen hierbei fast immer gesicherte Fundortangaben.
Bedauerlicherweise wurden einige neue Formen (Unterarten), die über den Handel kamen, untereinander gekreuzt, so dass bei verschiedenen Nachzuchten keine einwandfreie Zuordnung mehr vorgenommen werden kann. So findet man gerade bei amerikanischen Züchtern immer wieder Leopardgeckos, die im Aussehen und in der Größe der Adulti sehr unterschiedlich sind. Hierbei sind nicht die verschiedenen Farbzüchtungen gemeint. Beim Erwerb solcher Tiere sollte man auf einheitlich aussehende Tiere achten.

Die zwei „neuen" Leopardgeckos, die wir hier vorstellen, stammen laut dem pakistanischen Exporteur aus Afghanistan. Eine exakte Fundortangabe konnte allerdings nicht ermittelt werden.

I. *Eublepharis* spec.:

Es handelt sich bei diesen Tieren um große robuste Geckos mit einer Gesamtlänge von 245 mm; dabei entfallen 103 mm auf den Schwanz. Auffällig ist die etwas schmale Schnauzenspitze, die in einen breiten Schädel übergeht. Die Grundfärbung des Oberkörpers ist grau-

I. neue Form von *Eublepharis* spec. Foto: W. Henkel

braun. Auf dem Kopf befinden sich größere, ungeordnete dunkle Flecken, die sich mit einer Unterbrechung im Nackenbereich fortsetzen. Auf dem Rücken werden aus einzelnen Punkten zwei größere Sattelflecken gebildet. Ein kleinerer befindet sich an der Schwanzwurzel. Diese stoßen weder im Rückenbereich noch an den Seiten aneinander. Auch zwischen den Sattelflecken sind im Gegensatz zu den anderen *E.-macularius*-Formen keine einzelnen Punkte mehr vorhanden. Auf dem Schwanz geht die Zeichnung in eine Bänderung über. Eine median verlaufende Rückenlinie ist nur leicht angedeutet. Die Extremitäten sind zeichnungslos. Eine ausführliche Beschreibung wird in einer gesonderten Arbeit erscheinen. Wenn man sich die leuzistischen Leopardgeckos einmal genauer ansieht, kann man zu dem Schluss kommen, dass es sich bei ihnen um eine Züchtung aus dieser neuen Form handelt.

II. *Eublepharis* spec.:

Bei diesen Geckos handelt es sich um eine kleinere Form mit einer Gesamtlänge von 182 mm, wobei 62 mm auf den Schwanz entfallen. Auffallend sind die verstärkt auftretenden Kegelschuppen im Nackenbereich, die wie eine Halskrause wirken. Die Grundfärbung ist braun und wird durch die gelben Kegelschuppen etwas aufgehellt. Vom Kopf bis zum Schwanz befinden sich dunkelbraune Punkte, die teilweise zu Linien miteinander verschmelzen. Verstärkt kann dieses im Nackenbereich und an den Seiten auftreten. Der helle Bauch hebt sich schon an den Flanken von der Oberkörperfärbung deutlich ab. Der Schwanz lässt nur noch eine angedeutete Bänderung erkennen. Die Männchen besitzen eine fast waagerecht verlaufende Pränalporenreihe. Von ihrem Aussehen kann diese Form am ehesten mit der Unterart *E. m. fuscus* verglichen werden.

II. neue Form von *Eublepharis* spec.   Foto: W. Henkel

Färbung, Farbformen und Sinnesorgane

Wann erfolgt die Umfärbung der jungen Leopardgeckos?

Von einer einheitlichen Jugendfärbung kann genauso wenig wie von einer typischen Färbung der adulten Geckos die Rede sein. Allerdings wirken die Jungtiere innerhalb einer bestimmten Population doch schon recht einheitlich. Hierbei kommt die Abgrenzung zu den übrigen Unterarten zum Tragen. Es gibt allerdings ein bestimmtes Grundmuster – sowohl für die Jugendfärbung als auch für die ausgewachsenen Tiere. Die Strukturen der Zeichnung, die bei den Jungtieren klar abgegrenzt sind, gehen im ausgefärbten Stadium eher ineinander über bzw. verschwimmen mehr oder minder stark. So besitzen Schlüpflinge überwiegend eine Zeichnung aus mehr oder weniger breiten Bändern, die sich farblich scharf gegeneinander absetzen. Sie beginnt mit einer dunklen Kopfzeichnung. Darauf folgen eine meist weiße Halsbinde und eine Reihe schwarz-gelber oder -weißer Binden, die sich bis zum Schwanzansatz ziehen. Der Schwanz selbst ist schwarz-weiß geringelt. Während die Zeichnung des Oberkörpers an der Grenze zur hellen Bauchunterseite endet, sind die Binden am Schwanz zu Ringen geschlossen. Dieses ist wohl die häufigste Zeichnungsvariante. Daneben trifft man immer wieder Jungtiere mit Streifen und/oder größeren Flecken an. Derart markante Zeichnungsvarianten bleiben dann auch im ausgefärbten Zustand erhalten. Allerdings ist die kontrastreiche klare Abgrenzung der Linien und Farben bei den Adulti häufig nicht mehr so deutlich zu erkennen. Die Färbung adulter Geckos lässt sich nicht immer sicher von ihrer Jugendzeichnung ableiten. Auch die Intensität der Farben kann im voll ausgefärbten Zustand weniger markant ausfallen. Einheitliche Muster und

Eine Gruppe junger Leopardgeckos
Foto: H. Juschka

Drei Größen von *Eublepharis macularius*
Foto: B. Love/Blue Chameleon Ventures

Färbung, Farbformen und Sinnesorgane

Eublepharis macularius, adult und juvenil   Foto: B. Love/Blue Chameleon Ventures

Farben finden sich fast ausschließlich bei Wildfängen, da die Nachzuchten durch Auslese häufig völlig anders aussehen.

Je nach äußeren Bedingungen und Ernährung verändern die Geckos nach einigen Monaten ihre Färbung. Als Alter zum Zeitpunkt der Umfärbung gibt BROGHAMMER (1998) etwa sechs Monate an, während bei WILMS (1989) zwei Jungtiere nach 20 Wochen ausgefärbt waren. Zu dieser Zeit waren die Geckos aber noch nicht geschlechtsreif. Bei seinen Untersuchungen stellte WILMS (1989) fest, dass die Geschlechtsreife in der 32. bis 35. Woche einsetzt. Zur Größe gibt ABRAHAM (1986) an, dass seine Leopardgeckos mit 11,5 cm (Weibchen) bzw. ca. 14,5 cm (Männchen) die Geschlechtsreife erlangten. Hier ergeben sich gegenüber den Werten bei WILMS (1989) erhebliche Unterschiede, da ihm zufolge die Geschlechtsreife bei einer Größe von 19–20 cm (Weibchen) eintritt. Dies hängt indes im Einzelfall sehr stark von den konkreten Haltungsbedingungen ab: Eine längere kühle Phase übt nachweislich einen großen Einfluss auf die Entwicklung (und damit auch auf den Zeitpunkt der Umfärbung) aus. Wir haben Schlüpflinge vom Juli 1998 mehrere Monate kühl überwintert, worauf sie im Juli 1999 eine Gesamtlänge von 12–15 cm besaßen. Nach Ablauf von 12 Monaten waren die Tiere immer noch nicht umgefärbt, und auch die Geschlechtsreife war noch nicht eingetreten. Es ist also nicht ganz so einfach, aus der Färbung Rückschlüsse auf das Alter und die Geschlechtsreife zu ziehen bzw. diese Faktoren voneinander abzuleiten.

Färbung, Farbformen und Sinnesorgane

Wie kann man durch Auslese bestimmte Muster und Farben züchten?

Heute ist allgemein bekannt, dass man Farben und Muster durch Selektion beeinflussen kann. Bei den Leopardgeckos sind durch so eine Herauszüchtung bestimmter Merkmale eine ganze Reihe „künstlicher" Farb- und Zeichnungsvarianten entstanden. Um dies zu erreichen, werden Männchen und Weibchen mit bestimmten Merkmalen verpaart, um diese Abweichungen vom normalen Erscheinungsbild weiterzuvererben. Nach mehreren Generationen selektiver Auslese erhält man so evtl. in Aussehen und Farbe fast identische Nachkommen. Ohne derartige Maßnahmen würden die Geckos nach wenigen Generationen wieder ihr normales Aussehen annehmen.

Um dies zu verstehen, können wir nicht vermeiden, uns ein wenig mit Vererbung zu beschäftigen.

Gegen 1865 schuf der österreichische Augustiner-Chorherr Gregor Mendel (1822–1884) die Grundlagen der Vererbungslehre: Er fand heraus, dass besondere Merkmale unterschiedlich vererbt werden. So traten als Resultat der Kreuzung von rot mit weiß blühenden Erbsensorten solche mit rosa Blüten auf. Schließlich machte er die Entdeckung, dass die Erbfaktoren, die auf Genen festgehalten sind, paarweise vorliegen – die eine Hälfte stammt von der Mutter, die andere vom Vater. Verschiedene Gene sind

Jungtiere mit verschiedenen Farb- und Zeichnungsvarianten.
Von links nach rechts: „Blizzard", „Leucistic", Normal, „Albino" Foto: B. Love/Blue Chameleon Ventures

auf einem Chromosom zusammengefasst. Jeder Gecko erbt von seinen Eltern je einen Chromosomensatz – demnach verfügen unsere Geckos also über einen doppelten Chromosomensatz. Für jedes Merkmal des Leopardgeckos gibt es immer zwei Gene (oder Gengruppen), auf denen die notwendigen Informationen „gespeichert" sind. Sind diese in beiden Chromosomensätzen gleich (solche Tiere werden „reinerbig" bezüglich eines Merkmals genannt), ist das Erscheinungsbild klar. Sind sie aber nicht gleich, überwiegt immer ein „Informationssatz" (der dominante), während gleichzeitig der andere (der rezessive) unterdrückt wird. Die Gene, auf denen die natürlichen Färbungs- und Zeichnungsformen der Leopardgeckos festgeschrieben sind, sind gegenüber defekten Genen (z. B. Albinismus) dominant. Ein rezessives Merkmal kommt erst dann zum Tragen, wenn in beiden Chromosomensätzen die rezessiven Erbinformationen vorhanden sind.

Wichtig ist in diesem Zusammenhang auch der Unterschied zwischen Genotyp und Phänotyp: Der Phänotyp ist das äußere Erscheinungsbild eines Individuums, er gibt keinerlei Aufschluss über den Genotyp, d. h. die Genkonstellationen, die zu diesem Aussehen geführt haben. So kann beispielsweise ein ganz normal aussehender Leopardgecko durchaus auch Albino-Geninformationen besitzen, die aber beim Phänotyp nicht ausgeprägt werden, da sie rezessiv sind. An diesem „mischerbigen" Beispiel erkennt man das Zusammenspiel von dominanten und rezessiven Erbfaktoren. Nur durch exakte Aufzeichnungen kann man bei der Zucht im Lauf der Zeit den Genotyp seiner Tiere herausfinden bzw. hypothetisch erschließen.

Durch diese Mechanismen wird verhindert, dass in der Natur durch zufällige Mutationen sofort neue Formen entstehen. Dort kommt es nur äußerst selten vor, dass sich Tiere mit einem genetischen Defekt miteinander paaren. Es sind meist nur einzelne Vertreter verschiedener Populationen, die durch Abweichungen vom normalen Phänotyp auffallen. Allerdings gibt es auch Populationen, in denen sich ganz bestimmte Merkmale wie etwa Melanismus („Schwarzfärbung") häufen, wie z. B. bei Kreuzottern.

Da die Mechanismen der Vererbung berechenbar sind, kann man bestimmte Merkmale im Lauf mehrerer Generationen planmäßig herauszüchten. Allerdings funktioniert das nicht so einfach, dass man nur zwei Albinos verpaaren muss und schon ausschließlich Albinos entstehen. Erst wenn beide Stämme reinerbig aus Albinos bestehen, bekommt man auch fast immer entsprechende Nachkommen. Wie oben erklärt, besitzen alle höheren Lebewesen zwei Chromosomensätze. Erst wenn diese (bezüglich eines Merkmals) bei beiden Elternteilen gleich sind, entwickeln sich auch identische Nachkommen. Da bei einer derartigen Kreuzung verschiedene Erbanlagen vermischt werden, treten immer wieder auch unterschiedliche und nicht beeinflussbare Farbvarianten auf. Noch schwieriger wird das Zusammenspiel bei der Vererbung von Farb- oder Zeichnungsinformationen, wenn diese sich nicht nur auf ein Genpaar beschränken, sondern über mehrere Genpaare ausgeweitet sind. Die Anzahl der möglichen Kombinationen innerhalb dieses Genpools steigt dann stark an, was es umso schwieriger macht, gezielt bestimmte Farbformen herauszuzüchten.

Farb- und Zeichnungsvarianten

In den USA ist es schon seit Jahren zu einer wahren Mode geworden, durch Selektion bzw. gezieltes Verpaaren von Leopardgeckos (und anderen Reptilien) ganz bestimmte Farbmerkmale herauszuzüchten (Zucht im eigentlichen Wortsinn).

Alle Zeichnungsmuster und Farben beschränken sich auf die Körperoberseite. Der Bauch ist immer hellgrau bis weiß, der Schwanz ist bei den meisten Tieren rundum gezeichnet. Da

Färbung, Farbformen und Sinnesorgane

Albino-Leopardgecko　　　　　　　　　　　　　　　　　Foto: B. Love/Blue Chameleon Ventures

die Namen der meisten Farbvarianten von den jeweiligen Farben abgeleitet werden, ist ihre Deutung häufig unmittelbar verständlich. So bedeutet z. B. der Name „Black Leopard Gekko" lediglich, dass die Tiere einen höheren Anteil schwarzer Pigmente (Melanin) besitzen. Solche Geckos wirken dadurch wesentlich dunkler.

Mit den benannten Farbzüchtungen sind immer erwachsene Geckos gemeint, denn die Jugendfärbung ist – wie bereits erwähnt – nicht immer ein verlässliches Indiz für das Aussehen der adulten Tiere.

Die Übergänge zwischen den einzelnen Farbzüchtungen sind oft fließend, viele Bezeichnungen sind willkürlich gewählt. Eine genaue Abgrenzung kann daher nicht angegeben werden.

Wer mehr über die Zusammenhänge zwischen Färbung und Vererbung bei Reptilien erfahren möchte, dem sei an dieser Stelle das Buch von BROGHAMMER (1998) empfohlen.

Ein Albino ist nicht – wie immer vermutet wird – schneeweiß, sondern ihm fehlen nur die schwarzen Pigmente (Melanin). Ein eindeutiges und immer wiederkehrendes Indiz sind allerdings die roten Augen. Die Zucht von wirklichen Albino-Leopardgeckos ist bisher nur in wenigen Einzelfällen gelungen. Das erste Tier schlüpfte 1998 bei Tim und Lori Rainwater (Nevada/USA) (BROGHAMMER 1998). Mittlerweile wurden aber in den USA schon mehrfach Albinos dieser Geckoart gezüchtet.

Leuzistische Tiere sollten eigentlich schneeweiß sein und schwarze Augen besitzen. Diesen Tieren fehlen jegliche dunkle Pigmente. Da es die-

Färbung, Farbformen und Sinnesorgane

„Leucistic"-Leopardgecko, adult
Foto: B. Love/Blue Chameleon Ventures

„Striped"-Leopardgecko, subadult
Foto: B. Love/Blue Chameleon Ventures

„Blizzard"-Leopardgecko, adult und Schlüpfling
Fotos: B. Love/Blue Chameleon Ventures

se Form bei Leopardgeckos bisher noch nicht gibt, ist der Ausdruck für die so benannten Züchtungen etwas fraglich. Im ausgewachsenen Zustand sind solche Geckos überwiegend hellbraun gefärbt und besitzen keinerlei Zeichnung.

Des Weiteren ist der rötlich oder orange gestreifte „High Yellow"-Leopardgecko zu erwähnen. Bei diesem sind drei stark voneinander abgegrenzte regionale Zeichnungsmuster vorhanden: Die ausgeprägte Kopfzeichnung, der gelbe Körper mit einer deutlichen gelben bis rötlichen Längsstreifung auf dem Rücken und der hell abgesetzte Schwanz mit dunklen Punkten, die eine schwarze Längsstreifung andeuten können. Als „High Yellow" werden aber auch alle mehr oder minder gelben Tiere bezeichnet. Hierbei gibt es keine eindeutigen Farb- oder Zeichnungsvorgaben. Man findet sowohl längsgestreifte wie gebänderte und normal gezeichnete Exemplare. Die klaren Linien und abgegrenzten Farben der Jugendzeichnung sind kein eindeutiger Hinweis auf das Erscheinungsbild der adulten Tiere. Erst bei erwachsenen Geckos ist die endgültige Zeichnung und Färbung ausgeprägt. Tiere, deren Jugendfärbung einen etwas höheren Gelbanteil aufweist, können als Erwachsene erheblich verblassen. Allerdings sind die schwarzen Flecken schon im Jugendstadium festgelegt. Tiere mit wenigen Zeichnungselementen bilden auch später keine zusätzlichen Zeichnungsmuster mehr aus.

Dazwischen gibt es unterschiedliche Varianten, die als so genannte „Designer"-Leopardgeckos bezeichnet werden. Eine dieser Formen ist die „Jungle"-Variante. Hierbei handelt es sich um Tiere mit intensiver Zeichnung. Es können sowohl Längsstreifen als auch Querbänder vorhanden sein. Auch runde Zeichnungselemente sind möglich. In der Jugendzeichnung ist die wichtigste Eigenschaft dieser Züchtung die klare Abgrenzung von Kopf, Körper und Schwanz. Der Kopf ist bei den adulten Geckos stark gemustert, aber nicht mehr farblich abgesetzt. Der Schwanz sollte seine helle Färbung auch im Alter behalten.

Die gestreifte Variante („Striped"-Leopardgecko) kann normal gefärbt sein, wobei sich nur auf dem Körper dunkle Längsstreifen befinden. Diese bestehen häufig aus aneinandergereihten Punkten. Die Übergänge von „Striped"-Tieren zu den „Jungle"-Varianten sind oft fließend. Gestreifte oder gebänderte Leopardgeckos gibt es aber auch bei allen anderen Farbvarianten.

Abschließend möchten wir die kursierenden Farb- und Zeichnungsvarianten bzw. Namen kurz in der folgenden Übersicht zusammenfassend vorstellen:

„Albino": Ein Gecko, der mangels Pigmenten annähernd weiß ist und rote Augen hat.

„Amelanistic": Ein Gecko, dem ausschließlich die schwarzen Pigmente fehlen.

„Leucistic": Fehlen jeglicher Pigmente; normalerweise sind solche Tiere weiß mit schwarzen Augen.

„High Yellow": Die gelbe Grundfärbung ist stärker als normal ausgeprägt (Xanthismus).

„Jungle": Die „Dschungelform" hat eine kräftige schwarze Körperzeichnung auf gelbem Grund.

„Striped": Diese Variante umfasst längsgestreifte Tiere.

„Banded": Hierbei handelt es sich um Tiere mit ausgeprägter Querbänderung.

„Lavander": Die Grundfärbung ist ein sehr helles Gelb oder sogar Weiß. Die Flecken oder Streifen sollten ggf. auch sehr hell ausfallen.

„Pastel": Etwas gedeckte Gelbfärbung, jedoch mit normaler Zeichnung.

„Tangarine": Der Körper hat eine deutliche orange Grundfarbe mit normaler Zeichnung

„Ghost": Diese Tiere haben keine roten und gelben Pigmente und darüber hinaus nur einen geringen Anteil dunkler Pigmente.

„Snow": Fast weiße Tiere mit dunklen Flecken. Oft hat es den Anschein, als befänden sich diese Geckos kurz vor der Häutung.

Färbung, Farbformen und Sinnesorgane

„High Yellow"-Leopardgecko   Foto: B. Love/Blue Chameleon Ventures

Daneben gibt es noch die unterschiedlichsten Mischformen in Färbung und Zeichnung. Viele Varianten haben den Zusatz „hypo" als Vorsilbe. Dieser Präfix stammt aus dem Griechischen und wird in der Biologie als Vorsilbe von Begriffen verwendet, die eine Unterfunktion bezeichnen. So bezeichnet etwa „Hypomelanismus" das nur teilweise Fehlen des schwarzen Pigments Melanin (solche Geckos haben also nur einen geringen Schwarzanteil).

Darüber hinaus gibt es noch weitere Farbenspiele, die wir aber nicht näher erläutern wollen. Viele der kursierenden Namen sind rein willkürliche Prägungen, die für sporadische Züchtungsergebnisse gewählt wurden, oder sie weisen auf die miteinander gekreuzten Tiere hin, wie beispielsweise:

Banded Orange
Black
Black & White Jungle
Circleback
Diamondback
Four-eyed Jungle
Heterozigotic Leucistic
High Yellow Jungle
High Yellow Reverse
High Yellow Striped
Hypermelanistic Tangerine
Hypopastel
Rainbow
Reverse Striped
Three Lines

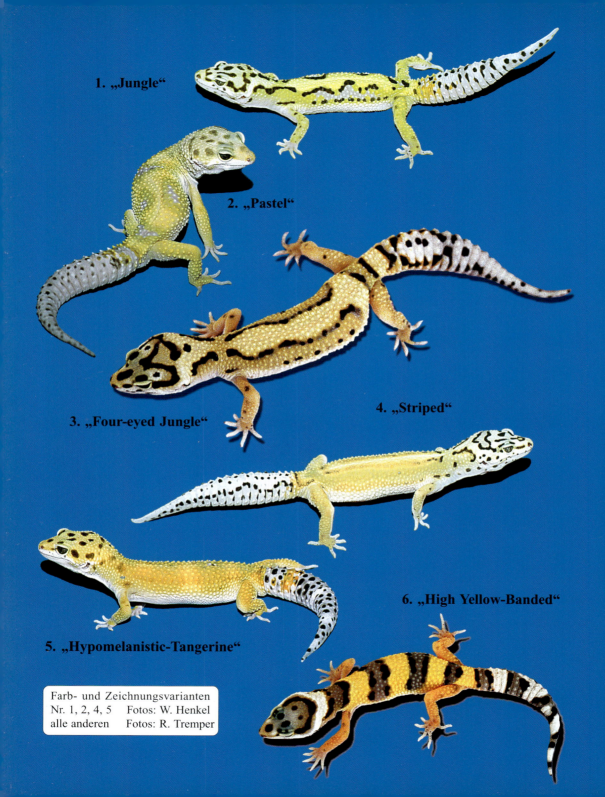

Das Auge und die übrigen Sinnesorgane

Die wichtigsten Sinnesorgane, mit denen sich die Leopardgeckos in ihrer Umgebung zurechtfinden, sind die Augen, die Nase und die Ohren. Von überragender Wichtigkeit sind dabei die Augen, da sich die Geckos fast ausschließlich optisch orientieren. Bei den großen, seitlich gelegenen Augen fällt zuerst die gelbbraune bis goldfarbene Iris mit ihrer bis auf einen schmalen senkrechten Spalt verschließbaren Pupille auf: Diese so genannte Schlitzpupille öffnet sich immer weiter, je dunkler es wird.

Wie alle Wirbeltiere besitzen auch die Leopardgeckos ein Linsenauge, das allgemein als das am höchsten entwickelte gilt und ein bildhaftes Sehen ermöglicht. Aufgrund der seitlichen Augenstellung sind die Tiere aber fast ausschließlich zum monokularen Sehen befähigt. Lediglich im vorderen Sektor überschneiden sich die Gesichtsfelder um wenige Grad und ermöglichen so ein binokulares Sehen.

Früher ging man davon aus, dass binokulares Sehen die unabdingbare Voraussetzung für die optimale "Scharfeinstellung" ist. Wer aber jemals beobachtet hat, wie geschickt die Beute durch einen Vorstoß mit dem Maul ergriffen wird, dürfte kaum Zweifel an der räumlichen Sehfähigkeit seiner Tiere haben. Wie dieser Prozess genau funktioniert, ist noch nicht geklärt. Vermutlich ist dafür eine doppelte "Blendeinrichtung" aus Lidloch und Pupille verantwortlich, ferner zwei Foveae (Gruben), welche die ins Auge einfallenden Lichtstrahlen in die Mitte der Retina leiten.

Über die Bedeutung des Geruchssinns herrscht keine einheitliche Meinung: Wie alle Reptilien besitzen auch die Leopardgeckos auf einer Membran in der Nasenhöhle so genannte Geruchsepithelien, die für die eigentliche Wahrnehmung von Duftstoffen sorgen. Daneben haben die Echsen auch das so genannte Jacobson'sche Organ. Dabei handelt es sich um eine kompliziert strukturierte paarige Sinnesgrube, die unabhängig von der Nase Geruchsreize wahrnehmen bzw. analysieren kann. Allerdings müssen diese hierzu im Speichel gelöst und dann mittels der Zunge über einen Gang im Gaumendach zum Jacobson'schen Organ geleitet werden. Einige Reptilien – zum Beispiel Warane – verlassen sich sehr stark auf dieses Organ und züngeln deshalb unablässig. Grundsätzlich würde man ein derartiges Phänomen bei Geckos eher ausschließen, da sie eine dicke, fleischige Zunge besitzen, die kaum zum Transport von Duftstoffen geeignet erscheint. Zu den wichtigsten Aufgaben des Jacobson'schen Organs scheint die Identifizierung des Beutetiers zu gehören, denn wenn Geckos versehentlich einmal einen unappetitlichen Futterbrocken erwischt haben, spucken sie ihn sofort wieder aus.

Als letztes wichtiges Sinnesorgan muss das Ohr erwähnt werden: Es ähnelt in Aufbau und Funktion dem aller höheren Wirbeltiere. Überdies sind Leopardgeckos zu Lautäußerungen (Quietschen und Quäken) befähigt. So rufen die Tiere beispielsweise, wenn sie sich bedroht fühlen oder bei Streitereien untereinander. Auch nicht paarungsbereite Weibchen wehren auf diese Weise gelegentlich zudringliche Männchen ab.

Porträt eines Leopardgeckos
Foto: B. Love/Blue Chameleon Ventures

Haltung und Vermehrung im Terrarium

Verhalten und Aktivität

Wer sich etwas eingehender mit diesen sehr interessanten und attraktiven Geckos beschäftigt, wird erstaunt sein, wie wenig Informationen es über ihre Lebensweise in der Natur gibt. Freilanduntersuchungen (und seien es vereinzelte Beobachtungen) sind entweder gar nicht oder nur sporadisch publiziert. Auch wer denkt, dass das Verhalten dieses besonders häufigen Bewohners unserer Terrarien nun zumindest dort einmal genau untersucht worden sei, sieht sich ebenfalls enttäuscht. Erstaunlicherweise stellt der Leopardgecko also immer noch ein lohnendes Objekt für künftige Studien dar.

Leopardgeckos sind recht ruhige Echsen, die während der Dämmerung und in der Nacht auf Jagd gehen. Im Terrarium legen sie in der Regel bereits nach wenigen Tagen ihre Scheu ab, werden sogar regelrecht zutraulich und sitzen spätestens nach einigen Wochen in Erwartung von angebotenem Futter an der Frontscheibe, sobald eine Person das Terrarienzimmer betritt. Vermutlich ist es just diese Eigenschaft, die (zusammen mit dem attraktiven Aussehen) für die enorme Beliebtheit der Leopardgeckos sorgt.

Eublepharis macularius — Foto: B. Love/Blue Chameleon Ventures

Von Jagdverhalten kann man bei solchen Geckos wohl nicht mehr sprechen, eher von Futterbetteln. Wer seine Tiere jedoch nicht übermäßig füttert, kann regelmäßig die Jagdtaktik seiner Pfleglinge genau beobachten. Kaum ist die Terrarienbeleuchtung abgeschaltet, verlassen die Geckos ihre Schlafplätze und durchstreifen scheinbar ziellos ihr Terrarium, immer auf der Suche nach etwas Fressbarem. Haben sie ein Insekt gesichtet, wird dieses verfolgt und nach einem kurzen Sprint gefangen. Kleinere Beutetiere werden kurz mit den Kiefern zerquetscht, gekaut und sodann verschlungen, während größere und wehrhafte Tiere erst durch Schütteln und Schlagen gegen den Untergrund getötet werden. Ihren Wasserbedarf decken die Geckos, indem sie aus einem Napf trinken oder das morgendliche Sprühwasser auflecken.

Männliche Leopardgeckos besitzen ein ausgesprochenes Revierverhalten: Sie verteidigen ihr Terrarium (Revier) unerbittlich gegen jedes weitere dort eingesetzte Männchen. Dabei führen sie regelrechte Beschädigungskämpfe aus. Hoch aufgerichtet (unter Seitwärtsdrohen) gehen die Geckos unter lauten Fauchtönen aufeinander los, und nach einer kurzen Beißerei sucht das unterlegene Tier schnell das Weite. Während sich das schwächere Männchen in freier Natur weiteren Attacken seines überlegenen Kontrahenten entziehen kann, fehlt im Terrarium dieser Fluchtraum: Das dominante Männchen verfolgt das unterlegene und wird es immer wieder angreifen, bis jenes an Erschöpfung (Stress) und Bisswunden stirbt. Daher ist die gemeinsame Haltung mehrerer Männchen in einem Terrarium unmöglich. Auch zwischen Weibchen kann es gelegentlich zu Streitigkeiten (bis hin zu Beißereien) kommen. Oft bemerkt man dies viel zu spät. Das eingeschüchterte unterlegene Tier geht schlechter ans Futter und beginnt nach einer gewissen Zeit zu kümmern. Man erkennt dies leicht daran, dass es sichtbar abmagert. Reagiert man rechtzeitig und setzt diesen Gecko in ein Einzelterrarium, so erholt sich das Tier recht schnell und kann später wieder in die Gruppe integriert werden. Dass die Echsen hin und wieder auch nach dem Finger des Halters schnappen, erfolgt mehr aus Futtergier als zur Verteidigung. Auch dem Pfleger gegenüber sehr aggressive Tiere sind eher die Ausnahme. Es konnte indes beobachtet werden, dass besonders Männchen auch artfremden Geckos gegenüber sehr unverträglich sind. Konkret konnten wir dies an einem Westafrikanischen Krallengecko (*Hemitheconyx caudicinctus*) sehen, der durch einen unglücklichen Zufall selbstständig in das Terrarium der *Eublepharis macularius* gelangt war. In diesem Fall bekämpften sich die Tiere sehr heftig.

Alle Geckos zeichnet ein ganz besonderes Schutzverhalten aus, das Autotomie genannt wird: Sie sind in der Lage, ihren Schwanz aktiv abzuwerfen und anschließend wieder rübenartig

Ein typisches Regenerat beim Leopardgecko
Foto: W. Henkel

Haltung und Vermehrung im Terrarium

„Lavender Yellow Banded"-Leopardgecko mit regeneriertem Schwanz   Foto: B. Love/Blue Chameleon Ventures

zu regenerieren. Der Schwanz enthält einige Sollbruchstellen, an denen er abgeworfen wird, wenn der Gecko z. B. sehr fest ergriffen wird. Dieser Vorgang geschieht aktiv und nicht etwa durch die Kraft, die der Angreifer aufwendet.

Der abgeworfene Schwanz windet sich und zuckt heftig (diese Bewegungen erschlaffen nach einiger Zeit langsam und hören schließlich ganz auf). Dadurch wird die Aufmerksamkeit des Angreifers von der Echse auf den Schwanz gelenkt, so dass der Gecko bessere Fluchtchancen hat.

Besonders erwähnenswert ist noch ein ganz ungewöhnliches Verhalten: Leopardgeckos setzen ihre Exkremente im Terrarium stets am gleichen Platz ab. Wir konnten feststellen, dass sie hierbei immer eine höher im Terrarium befindliche Plattform nutzen, wenn eine solche angeboten wird. Über die Hintergründe für dieses Verhalten kann nur spekuliert werden. RÖSLER (1995) vermutet, dass diese individuellen Kotplätze sowohl Sicht- als auch Geruchsmarken darstellen, die (Revier-) Grenzen kennzeichnen. Für diese Vermutung spricht, dass es sich um ein rein instinktives Verhalten handelt, das keineswegs mit einer haltungsbedingten Anpassung erklärt werden kann. SZCZERBAK & GOLUBEV (1986) fanden derartige Exkrementansammlungen von *Eublepharis turcmenicus* auch in freier Natur. Im Hinblick auf die Pflege im Terrarium stellt dieses Verhalten eine angenehme Erleichterung dar, weil nur noch eine Stelle regelmäßig gereinigt werden muss.

Ferner zeigen die Leopardgeckos auch weiteres so genanntes Komfortverhalten, wie z. B. das Putzen der Augen mit ihrer Zunge.

Die Leopardgeckos gehören wie alle Reptilien zu den wechselwarmen Tieren. Dies bedeutet, dass sie nicht in der Lage sind, ihre Körpertemperatur (wie Säugetiere und Vögel) selbstständig durch Stoffwechselvorgänge zu erhöhen und auch konstant zu halten; vielmehr ist diese von den vorgefundenen Klimabedingungen, insbesondere von der Umgebungstemperatur, abhängig. Damit die Echsen voll aktiv werden können, müssen sie sich bis auf ihre Vorzugstemperatur erwärmen. Wie hoch diese konkret liegt, ist nicht bekannt. Hierfür suchen sie beispielsweise wärmere Verstecke wie sonnenexponierte Höhlen unter dünnen Steinplatten u. Ä. auf. Nachts legen sie sich auch gerne auf noch warme Steine, um dort Wärme zu tanken. Beobachtungen in der Natur belegten, dass die stärkste Aktivität in feuchtwarmen, windstillen Nächten zu verzeichnen ist.

Auch andere Klimafaktoren beeinflussen die Aktivität, wie selbstverständlich der Wechsel zwischen Tag und Nacht, aber vermutlich auch die Feuchtigkeit. In den Heimatländern fällt der Niederschlag überwiegend im Sommer, also während der aktiven Zeit der Leopardgeckos. Die kalte Jahreszeit verbringen die Tiere in einem frostsicheren Versteck. Genaue Freilanduntersuchungen über die Dauer dieser Phase bzw. den Zeitpunkt, an dem die Echsen ihre Winterquartiere wieder verlassen, liegen nicht vor. Es gibt auch keinerlei Hinweise über das Einlegen einer Sommerruhe. Da andere Lidgeckos (z. B. *Hemitheconyx caudicinctus*) aber während der heißesten Jahreszeit eine Art „Sommerpause" einlegen, darf man dies wohl auch für die Leopardgeckos (zumindest teilweise) vermuten.

Wie alt können Leopardgeckos werden?

Vor der Anschaffung eines Leopardgeckos sollte man sich immer fragen, ob man überhaupt in der Lage und willens ist, die begehrte Echse bis an ihr Lebensende zu pflegen. Dazu gehört neben dem passenden Terrarium auch die artgerechte und hochwertige Ernährung. Ferner sollte man den täglich anfallenden Zeitaufwand und eventuell erforderliche Urlaubsvertretungen bedenken, wenn man für einen sehr langen Zeitraum die Verantwortung für ein Lebewesen übernehmen will. Bei artgemäßer Terrarienhaltung können Leopardgeckos über 20 Jahre alt werden.

Eine konkrete Altersangabe macht SCHIFFLER (1988). Ein am 4.9.1965 erworbener halbwüchsiger Leopardgecko starb am 18.1.1988 nach 22 Jahren, 4 Monaten und 7 Tagen. Im letzten Lebensjahr hatte das Tier immer mehr Schwierigkeiten, die Futtertiere zu erbeuten, so dass es nur noch vorgehaltene Nahrung fraß. In dieser Zeit verringerten sich auch die Fettreserven im Schwanz merklich, und die Aktivität des Tieres nahm ständig ab, bis es wahrscheinlich an Altersschwäche starb.

Die Anschaffung eines Leopardgeckos

Trotz der Robustheit und Anpassungsfähigkeit dieser Tiere ist auch die Pflege von Leopardgeckos aufgrund gewisser – und vor allem regelmäßig vorzunehmender – Maßnahmen recht arbeitsintensiv. Die Tiere stellen vielfältige Anforderungen an ihre Unterbringung, Pflege und Ernährung, über die man sich vor einer Anschaffung immer im Klaren sein sollte.

Bei vielen Liebhabern gelten Leopardgeckos wegen ihres attraktiven Aussehens und zutraulichen Verhaltens als regelrechte „Heimtiere". Doch handelt es sich nicht um Hunde oder Katzen, die man ständig bedenkenlos mit der Hand berühren kann. Leopardgeckos dürfen auch nicht wie ein Spielzeug behandelt werden. Sie sind „Schautiere", die es ihrem Pfleger durchaus nicht übel nehmen, wenn er gelegentlich mit ihnen hantiert. Schlüpflinge und Jungtiere reagieren allerdings oftmals wesentlich empfindlicher und sollten deshalb nicht unnötig berührt werden. Dennoch eignen sich gerade

Leopardgeckos ausgezeichnet für Anfänger in der Terraristik. Wer sich über diese Sachverhalte im Klaren ist, dem können wir die Pflege von Leopardgeckos empfehlen, denn diese Echsen gehören sicherlich zu den am besten haltbaren und am leichtesten nachzuziehenden Bewohnern unserer Terrarien. Sie sind ganz besonders auch für den Anfänger geeignet – aber keineswegs nur für diesen: Viele Liebhaber, die einmal Leopardgeckos gepflegt haben, kommen nicht mehr von ihnen los. Ein weiterer Vorteil liegt in ihrer dämmerungs- und nachtaktiven Lebensweise: So hat auch ein Berufstätiger genügend Zeit, seine Tiere ausgiebig zu beobachten.

Wildfänge von *Eublepharis macularius* beim Händler   Foto: W. Henkel

Glücklicherweise ist die Anschaffung heute kein Problem mehr. Neben zahlreichen Nachzuchten – wer sich auf Börsen oder in Zooläden umschaut, wird recht schnell meist gut genährte und in einem sehr guten Zustand befindliche Nachzuchten entdecken – tauchen auch immer wieder Wildfänge aus Pakistan im zoologischen Fachhandel auf. Diese sind im Vergleich zu eingewöhnten Tieren sehr schlank und gesundheitlich meist in keiner allzu guten Verfassung. Deswegen sollte man immer Nachzuchten bevorzugen.

Doch woran erkennt man ein gesundes Tier? Hier lassen sich leider keine Patentrezepte geben, sondern nur Anhaltspunkte. So sollten die Geckos bei jeder „Bedrohung" durch den Interessenten nicht flach auf dem Boden liegen, sondern hoch aufgerichtet auf den Beinen stehen. Anschließend rege umherlaufende Echsen sind apathisch in der Ecke sitzenden immer vorzuziehen. Gesunde Tiere zeigen immer kräftige Farben, und ihre Haut hängt nicht schrumpelig am Körper. Auch sollten keine Häutungsrückstände vorhanden sein, und der Schwanz – er gibt am besten Auskunft über den Ernährungszustand – darf keinesfalls nur aus Haut und Knochen bestehen (wählen Sie andererseits aber auch keine ausgesprochen fetten Tiere!). Selbst wenn Sie dies alles beachten, gehört immer noch ein klein wenig Glück dazu, ein gesundes und einwandfreies Tier zu erwerben. Besser ist es daher oft, sich direkt an einen Züchter zu wenden und seine Angaben durch persönliche Inaugenscheinnahme zu überprüfen. Er kann Ihnen dann auch gleich alle Ihre Fragen beantworten.

Doch wie stellt man den Kontakt zu geeigneten Liebhabern bzw. Züchtern her? Am leichtesten, indem man in das Anzeigenjournal der DGHT schaut oder dort eine Suchanzeige aufgibt. Auch in terraristischen Fachzeitschriften – wie die REPTILIA – kann man bei den Kleinanzeigen leicht fündig werden.

Deutsche Gesellschaft für Herpetologie
und Terrarienkunde
- Geschäftsstelle -
Postfach 14 21
D-53351 Rheinbach

Voraussetzungen für die erfolgreiche Nachzucht

Durch die relativ einfache Haltung und für Geckos gute Reproduktionsrate (bis zu zehn Gelege in einem Jahr) sind Leopardgeckos nahezu perfekte Terrarientiere und eignen sich sogar hervorragend für Untersuchungen. Kein anderer Gecko hat eine so große Verbreitung und Beliebtheit unter den Terrarianern.

Aber auch heute noch kann trotz all unseres Wissens bisweilen eine beträchtliche Zeitspanne zwischen dem Erwerb und der erfolgreichen Nachzucht von Leopardgeckos verstreichen. „Heute gekauft und morgen bereits das erste Gelege erhalten", funktioniert auch bei dieser Art nicht. Viele Faktoren spielen eine Rolle, neben dem Alter auch die Harmonie des gepflegten Paares bzw. der Gruppe und die Eingewöhnung. Auch bereitet vielen Liebhabern das Nachgestalten der natürlichen Temperatur- und Feuchtigkeitsverhältnisse gewisse Schwierigkeiten, besonders was das Simulieren der kühlen Phase angeht. Hier wollen wir im Folgenden gerade für den Anfänger Ratschläge geben. Trotzdem muss jeder Pfleger eigene Erfahrungen sammeln und die Haltungsbedingungen immer wieder optimieren, bis sich der gewünschte Erfolg einstellt.

Gerade in unserer von immer weiter fortschreitender Biotopzerstörung und der damit verbundenen Bestandsabnahme vieler Arten geprägten Zeit kommt der erfolgreichen Nachzucht im Terrarium für zahlreiche Spezies eine existentielle Bedeutung zu. Viele Reptilienarten werden in absehbarer Zeit in freier Natur ausgerottet sein, oder ein Rückgriff auf diesen natürlichen Bestand wird gesetzlich verboten bzw. aus anderen Gründen nicht mehr möglich sein. Wie es um die Leopardgeckos steht, können wir nicht beurteilen. Auch in ihren Herkunftsländern nimmt die menschliche Bevölkerung immer stärker zu, und es werden so manche Habitate in Kulturland verwandelt. Aber wer weiß – vielleicht entwickelt sich gerade der anpassungsfähige Leopardgecko noch zu einem „Kulturfolger". Für das langfristige Überleben dieser Art spricht auch, dass sie in weniger stark vom Menschen begehrten (und folglich nicht so stark bedrohten) Gebieten vorkommt. Damit nicht irgendwann die bisher so erfolgreiche Nachzucht in eine „genetische Sackgasse" gerät, sollten allerdings einige Grundregeln immer beachtet werden. So ist es von ganz besonderer Wichtigkeit, bei den Nachzuchten eine gewisse Auslese zu betreiben. Das fängt bereits beim Schlupf der Jungtiere an: Alle Nachzuchten, die nicht aus eigener Kraft aus dem Ei schlüpfen, sollten in der Schale belassen werden. Sind die Jungen jedoch selbstständig geschlüpft, so muss man alle Tiere mit Missbildungen und so genannte „Kümmerlinge" sofort aussortieren; sie dürfen keinesfalls zur Zucht verwendet werden. Genauso wichtig ist das Zusammenführen geeigneter Tiere in möglichst großen Zuchtgruppen. Prinzipiell darf nur mit einwandfreien, kräftigen und gesunden Tieren weiter nachgezüchtet werden.

Ferner ist es wichtig zu wissen, wie alt die Geckos überhaupt sind. Zum einen kann es nämlich sein, dass sie noch gar nicht die Geschlechtsreife erreicht haben, zum anderen sind sie möglicherweise bereits zu alt, um sich noch fortpflanzen zu können. Wer daher ganz sicher gehen will, besorgt sich immer Nachzuchten. Nur so kennt man das genaue Alter der Tiere, und außerdem befinden sie sich – wie schon gesagt – normalerweise in einem erheblich besseren Gesundheitszustand als Wildfänge.

Die Geschlechtsreife setzt in der Natur und im Terrarium meist zu unterschiedlichen Zeitpunkten ein. Gesicherte Informationen existieren indes nur für die Terrarienhaltung, wo Leopardgeckos mit einem Gewicht von etwa 30–35 g die Fortpflanzungsfähigkeit erlangen. Wann dies konkret der Fall ist, hängt von vielen Faktoren ab: in Ausnahmefällen bereits nach sieben Monaten, im Normalfall etwa nach 12–15 Monaten. Spätestens im dritten Lebensjahr sollten sich die Echsen auf jeden Fall fortpflanzen. Die ganze Entwicklung wird natürlich stark von Umweltfaktoren wie Nahrung, Temperatur, Photoperiode usw. beeinflusst.

Leopardgeckos sollten einzeln (dann werden die Tiere nur zur Fortpflanzung zusammengesetzt), paarweise oder in Gruppen aus einem Männchen und mehreren Weibchen gehalten werden. Die paarweise Haltung ist dabei die denkbar schlechteste Alternative, da das Weibchen sich den Nachstellungen des Männchens kaum entziehen kann. Besser sind daher Gruppen aus einem Männchen und mindestens drei Weibchen. Da bei kleinen Jungtieren das Geschlecht nicht zweifelsfrei zu erkennen ist, empfiehlt es sich, mehrere Geckos anzuschaffen und nach Möglichkeit gemeinsam aufzuziehen. Durch regelmäßige Beobachtungen und Kontrollen erkennt man schnell, welche Tiere miteinander harmonieren und welche nicht. Überzählige Männchen und unterdrückte Tiere müssen immer unverzüglich separiert werden.

Schwieriger ist es schon, zu einer bestehenden Gruppe oder zu einem eingewöhnten Männchen eine(n) neue(n) Partner(in) dazuzusetzen. Meist gelingt dies ohne Probleme, und die Tiere vertragen sich. Besonders bei älteren Männchen kann die erneute Vergesellschaftung aber

Eine Gruppe von *Eublepharis macularius* im Terrarium　　　　　　　　　　　　　　　　　　　　Foto: W. Schmidt

schwer fallen. Um Ausfällen vorzubeugen, müssen die Tiere immer für einige Zeit verstärkt kontrolliert werden.

Ist die Zusammenführung einer Gruppe geglückt, so kann es noch einige Zeit dauern, bis man die erste Nachzucht bzw. das erste Gelege erhält. Dies kann am Fehlen der erforderlichen Synchronisation der Geschlechter liegen. Bei den Leopardgeckos ist die Reproduktionsperiode an die Jahreszeit gekoppelt. Die Echsen unterliegen dem Jahresrhythmus und halten eine mehr oder weniger lange Winterruhe ein. Als eigentlicher Auslöser für das Fortpflanzungsverhalten kommen Temperaturerhöhungen, aber vielleicht auch Veränderungen der Photoperiode (d.h. die Zunahme der Tageslänge) in Betracht. So bewirkt eine Temperaturerhöhung immer zugleich auch eine Steigerung des Stoffwechsels, der wiederum Impulse an das Nervensystem weiterleitet, das dann die Reifung der Eier und Spermien auslösen kann. Werden alle Tiere unter gleichen Bedingungen gehalten, stellt das in der Regel kein Problem dar, weil sie gleichzeitig in Fortpflanzungsstimmung kommen oder nicht. Schafft man sich aber ein zweites Tier an, so kann sich dieses aufgrund einer zuvor völlig unterschiedlichen Haltung in einer ganz anderen Stimmungslage befinden.

Auch im Terrarium ist eine Ruhephase (inaktive Periode bzw. Winterruhe) unabdingbare Voraussetzung für eine erfolgreiche Vermehrung, aber auch für ein hohes Alter der Leopardgeckos. Wie groß die Temperaturschwankungen sein müssen und wie lange diese Periode überhaupt dauern sollte bzw. darf, ist nicht bekannt. Einige Terrarianer haben bereits Erfolg damit, wenn für eine Dauer von zwei Monaten Beleuchtung und Heizung ausgeschaltet werden (was zu einer gewissen Temperaturabsenkung führt), damit die Tiere nach der „kühlen" Phase unverzüglich in Paarungsstimmung kommen. Versucht man jedoch, die natürlichen klimatischen Bedingungen zu imitieren, so schickt man seine Geckos für 3–4 Monate in den Winterschlaf. Die Temperaturen sollten bei 8–12 °C liegen und die Beleuchtung nur für wenige Stunden am Tag eingeschaltet sein. Das Terrarium wird während dieser Zeit insgesamt deutlich trockener gehalten, nur eine Schale mit frischem Trinkwasser muss stets vorhanden sein. Am besten beginnt man etwa im November damit, die Tiere durch langsames Reduzieren der Beleuchtungslänge und Herabsetzen der Temperaturen auf die Winterruhe einzustimmen. Die Leopardgeckos verringern daraufhin langsam ihre Aktivität und nehmen auch weniger Nahrung zu sich. Wer diese Bedingungen bereits im Terrarienzimmer erfüllen kann, braucht nichts weiter zu tun, als für die nötigen niedrigen Temperaturen zu sorgen. Wo dies nicht möglich ist, kann man auch das gesamte Terrarium einfach in einen kühlen Raum stellen, oder man setzt die Tiere in einen regelrechten Überwinterungsbehälter.

Eine geringfügige Substratfeuchte muss während der ganzen Ruhephase gewährleistet sein, und sie sollte durch regelmäßige Kontrollen überprüft werden. Hin und wieder unterbrechen die Leopardgeckos ihre Winterruhe für kurze Zeitabschnitte (1–3 Tage) und halten sich während dieser Zeit an der Oberfläche auf. Sie verschwinden aber nach einigen Tagen meist wieder von allein.

In diesem Zusammenhang muss auch die Frage beantwortet werden, wie sich die Geschlechter finden und erkennen. Im Terrarium stellt dies meist kein Problem dar. Aufgrund der räumlichen Enge begegnen sich die Tiere zwangsläufig, so dass die Männchen zumindest während der Paarungszeit anhand des Verhaltens und/oder sexueller Geruchsstoffe (Pheromone) die Paarungsbereitschaft der Weibchen erkennen. Wir sprechen hier von einer Haltung unter annähernd natürlichen Bedingungen. Wir konnten uns in den USA davon überzeugen, dass erfolgreiche Nachzuchten auch bei Massenhaltungen möglich sind. In den USA ist Herr

Haltung und Vermehrung im Terrarium

Der Verkauf von *Eublepharis macularius* auf einer Terraristikbörse in den USA
Foto: B. Love/Blue Chameleon Ventures

R. Tremper wohl einer der größten Züchter von Leopardgeckos. In seinen Terrarien sahen wir bis zu 100 Weibchen mit 1–2 Männchen vergesellschaftet. Nach eigener Aussage züchtet Herr Tremper etwa 10.000 Leopardgeckos in einem Jahr. Alle Tiere, die wir sahen, waren in einem guten Zustand. In den Terrarien standen Ablagebehälter mit einem feuchten Gemisch aus Sand und Erde. Die Behälter waren ca. 5 cm hoch mit Substrat gefüllt. Täglich werden mehrere Gelege in verschiedene Brutbehälter überführt. Durch unterschiedliche Zeitigungstemperaturen werden die Geschlechter gezielt erbrütet.

Bei dieser Haltung zeigt sich, dass es Anzeichen geben muss, die die Paarungsbereitschaft der Weibchen erkennen lassen. Wenn das nicht so wäre, würden nicht alle Weibchen befruchtet werden. Da die Weibchen aber auch über eine Vorratsbefruchtung verfügen, müssen sie erkennen können, ob eine Befruchtung stattgefunden hat. Wahrscheinlicher ist, dass die Weibchen nach jeder Eiablage mit einem Männchen kopulieren. Die Speicherung der Spermien wird dann nur bei längerer Trennung eine Rolle spielen. Nach der Eiablage scheinen die Weibchen den Männchen anzuzeigen, dass sie paarungsbereit sind. Bei der Vielzahl an Weibchen ist auszuschließen, dass die Männchen sich merken können, mit welchem Weibchen sie kopuliert haben. Das zeigt aber auch, dass die Männchen über eine Vielzahl fertiler Spermien verfügen, die ständig produziert werden müssen.

Geschlechtsunterschiede und -ausprägung

Die Geschlechtsbestimmung ist bei erwachsenen Leopardgeckos nicht sehr schwierig. Die Männchen kann man leicht und in der Regel zweifelsfrei an den verdickten Hemipenistaschen am Ansatz der Schwanzwurzel erkennen. Die 9–14 Präanalporen sind bei den Männchen normalerweise viel kräftiger und mit einer Öffnung versehen, während die der Weibchen ohne oder mit einer kleineren Öffnung ausgebildet sind. Die Poren der Männchen sondern ein wachsartiges Sekret ab; deutlich erkennbar sind sie aber erst bei ausgewachsenen Tieren – es sei denn, man untersucht die Unterseite mit einer Lupe: Dann kann man die Poren schon bei den Jungtieren erkennen. Es ist aber darauf zu achten, dass so genannte „heiß gezeitigte" Weibchen ebenfalls sehr stark entwickelte Präanalporen mit sichtbaren Öffnungen haben können und den Männchen damit sehr ähnlich sehen. Ein sicheres Geschlechtsmerkmal sind diese Poren also nicht. An dieser Stelle wollen wir uns etwas näher mit der Geschlechterentstehung bei den Leopardgeckos befassen. Eines der interessantesten Phänomene bei der Zucht von verschiedenen Reptilien ist die Ausprägung des Geschlechts in Abhängigkeit von den während der Embryonalentwicklung vorherrschenden Temperaturen (die temperaturabhängige Geschlechterausprägung, kurz TAGA). Im Gegensatz zu den Säugetieren und Vögeln, bei denen es von den Geschlechtschromosomen abhängt, ob aus dem Embryo ein Männchen oder ein Weibchen wird, besitzen viele Reptilien keine derartigen Chromosomen. Also muss es eine

Unterseite eines Weibchens von *Eublepharis macularius* Foto: W. Henkel

Unterseite eines Männchens von *Eublepharis macularius* Foto: W. Henkel

andere, nicht genetisch bedingte Möglichkeit geben, die Geschlechter festzulegen.

Bei vielen Echsen entstehen bei geringeren Inkubationstemperaturen vorwiegend Weibchen, während es bei höheren Temperaturen hauptsächlich Männchen sind. Hierbei sind aber die entsprechenden Temperaturbereiche sehr unterschiedlich. Was bei der einen Art als hohe Temperatur bezeichnet wird, ist bei einer anderen vielleicht gerade im normalen Bereich – oder auch umgekehrt. Im Gegensatz hierzu stehen viele Schildkrötenarten, bei denen bei niedrigen Temperaturen überwiegend Männchen entstehen. Grundsätzlich müssen für jede Art die Temperaturbereiche der Geschlechtsausprägung ermittelt werden.

Innerhalb der Familie der Eublepharidae scheint die Geschlechtsausprägung auch mit den unterschiedlichen Größen der Männchen und Weibchen zusammenzuhängen. In diesem Kontext fand B. VIETS (1994) heraus, dass Arten, bei denen die Männchen größer als die Weibchen sind, eine temperaturabhängige Geschlechtsausprägung aufweisen. Bei Spezies hingegen, bei denen die Weibchen generell größer als die Männchen sind, wird das Geschlecht genetisch festgelegt. Dort spielt die Inkubationstemperatur also keine Rolle.

Bei den Leopardgeckos fand man heraus, dass sich bei der Eizeitigung aufgrund unterschiedlicher Temperaturen auch unterschiedliche Geschlechter entwickeln: So erhält man sowohl bei sehr niedrigen als auch bei sehr hohen Temperaturen Weibchen. Auch durch Zugabe von Östrogen (einem weiblichen Geschlechtshormon) in die Eier wird das Geschlecht beeinflusst. So fand CREWS (1994) heraus, dass sich Veränderungen der Temperatur auch auf die Verteilung von Enzymen und Hormonrezeptoren (z. B. für Östrogene und Androgene [weibliche bzw. männliche Hormone]) auswirken. In allen Eiern, die mit Östrogen behandelt wurden, bildeten die Embryonen Ovarien aus. Dies funktionierte auch bei Embryos, die sich aufgrund der Bruttemperatur ansonsten zu Männchen entwickelt hätten.

Die Temperatur ist aber nicht nur für das Geschlecht ausschlaggebend, sondern prägt auch das sexuelle Verhalten der Geckos: Weibchen, die bei niedrigen Temperaturen erbrütet werden, sind wesentlich eher geschlechtsreif als solche, die bei höheren Werten inkubiert wurden. Sie sind auch für die Männchen wesentlich attraktiver. So genannte „heiß gezeitigte" Weibchen verhalten sich ähnlich wie Männchen und sind diesen gegenüber auch sehr aggressiv. Das ganze Wesen und Aussehen dieser Weibchen kann als maskulin angesehen werden. Zeitigt man Eier bei einer einheitlichen Temperatur, die Männchen und Weibchen entstehen lässt, sind die Männchen wesentlich größer und stabiler gebaut, dazu haben sie auch ein wesentlich höheres Körpergewicht. Vergleicht man jedoch Weibchen, die bei einer Inkubationstemperatur von 32,5 °C gezeitigt wurden, mit denen aus Zeitigungstemperaturen zwischen 26 und 30 °C, so sind die Unterschiede offensichtlich. Die „heiß gezeitigten" Weibchen haben eine größere Kopf-Rumpf-Länge und sind auch erheblich schwerer. Dagegen sind die bei 32,5 °C und 30 °C Zeitigungstemperatur entstandenen Männchen anhand von Körpergröße und Körpergewicht nicht voneinander zu unterscheiden. Dies hat den Grund, dass die Weibchen ein wesentlich größeres Temperaturfenster bei der Zeitigung besitzen als die Männchen, denn es gibt nur eine geringe Temperaturspanne, bei der das männliche Geschlecht ausgeprägt wird.

Es kommt immer wieder vor, dass „heiß gezeitigte" Weibchen sich mit „kalt gezeitigten" zu paaren versuchen. Zur Zucht sind die „heiß gezeitigten" äußerst ungeeignet. Häufig erkennt man sie daran, dass ihre Präanalschuppen eine Porenöffnung aufweisen und damit ähnlich aussehen wie jene der Männchen. Die Präanalporen der „kalt gezeitigten" Weibchen sind kleiner und geschlossen.

Es bleibt noch die Frage zu beantworten: Bei welchen Temperaturen schlüpfen Weibchen bzw. Männchen?

Auswirkungen der Inkubationstemperaturen auf die Geschlechterverteilung und das sexuelle Verhalten der Weibchen

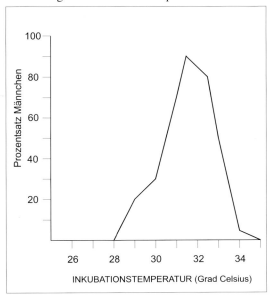
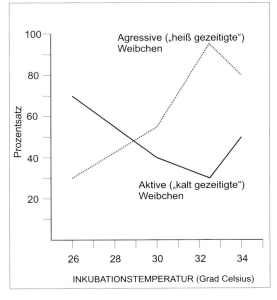

Zeitigt man die Eier kühler als 26 °C, erhält man nur weibliche Tiere (so genannte „kalt gezeitigte" Weibchen). Bei ca. 29 °C erhält man etwa im gleichen Verhältnis Männchen und Weibchen. Bei 30 °C beträgt das Verhältnis zwischen Männchen und Weibchen etwa 30 : 70. Bei einer Temperatur von 31,5 °C schlüpfen fast nur noch Männchen. Bei so hohen Temperaturen kommt es auch immer wieder vor, dass die Embryos im Ei absterben. Die Grenze der normalen Entwicklung dürfte etwa bei 34 °C liegen: Tiere, die über 33 °C warm inkubiert wurden, sind wiederum fast ausschließlich weiblichen Geschlechts. Ab einer Zeitigungstemperatur von 29 °C spricht man von „heiß gezeitigten" Weibchen. Ab dann nimmt auch ihre Aggressivität zu, während die Attraktivität für die Männchen abnimmt. Interessant ist in diesem Zusammenhang, dass bei über 32,5 °C gezeitigte Weibchen wieder weniger aggressiv sind und von Männchen auch wieder stärker begehrt werden (FLORES et al. 1994).

Angesichts der Bedeutung derart geringer Temperaturabweichungen für die Geschlechtsausprägung ist eine genaue Einstellung der Inkubationstemperatur sehr wichtig. Da die Ergebnisse aber nicht grundsätzlich den eben geschilderten Schemata entsprechen, dürften auch noch andere Faktoren eine Rolle spielen. So bringen wechselnde Inkubationstemperaturen auch andere Ergebnisse. ABRAHAM (1986) macht folgende Angaben zur Geschlechtsausprägung: Bei 26,7–29 °C Inkubationstemperatur betrug das Verhältnis Männchen : Weibchen 1 : 50, bei 32–33,4 °C hingegen 14 : 2, all dies bei einer Zeitigungsperiode von 35–65 Tagen.

Untersuchungen zu diesem Mechanismus liegen bisher nur von vereinzelten Krokodil-, Schildkröten-, Gecko- und Agamenarten vor. Dabei wäre die gezielte Geschlechtsbestimmung bei der Zucht von Reptilien mit Hilfe der richtigen Bruttemperatur von besonderer Bedeutung für die Terraristik und für den Naturschutz. Konkret praktiziert wird dies heute schon bei den Meeresschildkröten: Dabei versucht man, durch gezieltes Ausbrüten bei einer bestimmten Temperatur eine erhöhte Anzahl Weibchen unter den Schlüpflingen und so in der Zukunft eine höhere Vermehrungsrate zu erzielen.

Es bleibt nur zu hoffen, dass zahlreiche Terrarianer in Zukunft auf die Inkubationstemperaturen ein besonderes Augenmerk richten, um so rechtzeitig zu verhindern, dass sie am Ende nur Nachzuchten eines Geschlechts haben, und um auch endlich weitere wichtige Aussagen über die Temperaturbereiche der TAGA erhalten zu können.

Der Verein „RoPS" (Research on Poikilothermus Species / Gesellschaft zur Forschung an wechselwarmen Tierarten e.V.) beschäftigt sich vorrangig mit der temperaturabhängigen Geschlechtsausprägung. Von ihm werden erstmalig in groß angelegten Zuchtprojekten alle wichtigen Daten erfasst und ausgewertet. Die Eier von wechselwarmen Tieren werden bei verschiedenen Temperaturen unter sonst gleichen Bedingungen gezeitigt. Immer mehr Terrarianer schließen sich diesem Verein an, um einen Beitrag zur Bestandserhaltung und Vermehrung der Tiere zu gewährleisten. Jeder zu erforschenden Art soll ein eigenes Projekt gewidmet werden, an dem sich mindestens zehn Personen beteiligen müssen. Dabei kann eine Person auch gleichzeitig an mehreren Projekten mitarbeiten. Bei der Zeitigung der Eier werden die Zeitigungstemperaturen vom Verein in Absprache mit den Projektteilnehmern für jedes einzelne Projekt festgelegt, und jedem Projektteilnehmer wird eine bestimmte Temperatur zugewiesen. Darüber hinaus werden auch noch verschiedene andere Daten erfasst. Der Austausch der Resultate ist ein wichtiger Faktor der gezielten Zucht bestimmter Geschlechter. Der Austausch von Nachzuchten innerhalb eines Projektes bzw. innerhalb des Vereins ist eine weitere Säule der Aktivitäten. Die Ergebnisse sollen publiziert und somit auch der Öffentlichkeit zugänglich

Haltung und Vermehrung im Terrarium

gemacht werden. Hierbei ist auch daran gedacht, Daten jeglicher Art in Datenbanken aufzunehmen und anschließend auszuwerten. Somit hat jeder die Möglichkeit, einen Beitrag zur Optimierung von Haltung und Vermehrung verschiedener Reptilienarten zu leisten. Wer mehr darüber erfahren möchte, kann sich an folgende Adresse wenden:

>   Friedrich Wilhelm Henkel
>   Alfred-Döblin-Str. 80
>   59192 Bergkamen

Balz- und Paarungsverhalten

In der Natur beginnt die Fortpflanzungszeit Anfang März und endet Ende September. In den nördlichen Teilen des Verbreitungsgebiets kann sie wesentlich kürzer ausfallen.

Zum Fortpflanzungsverhalten gehört das einleitende Balzritual und die Kopulation. Ein ausschlaggebender Faktor für das Einsetzen der Paarungsbereitschaft ist das Ansteigen der Temperatur nach der mehrwöchigen Winterruhe. Eingewöhnte Tiere paaren sich auch den gesamten Sommer hindurch, ohne unbedingt eine ausgesprochene Winterruhe durchgemacht zu haben, doch sollte man den jahreszeitlichen Zyklus entsprechend der Herkunft der Tiere schon einhalten.

Die eigentliche Werbung beginnt mit dem Finden eines Geschlechtspartners. Sieht ein männlicher Gecko einen Artgenossen, so erkennt er an dessen Verhalten, um welches Geschlecht es sich handelt. Ein Weibchen bleibt in der Regel passiv. Um nun die Individualdistanz zu überwinden und gleichzeitig festzustellen, ob das Weibchen paarungsbereit ist, gehen die Männchen meist sofort zum Balzverhalten über. Die genaue Reaktion ihrer Partnerin hängt davon ab, unter welchen Bedingungen sie gezeitigt wurde (siehe „Geschlechtsunterschiede und -ausprägung"): So verhalten sich „heiße" Weibchen wesentlich aggressiver als „kalt gezeitigte". Es kommt bei Ersteren auch viel häufi-

Pärchen von *Eublepharis macularius* Foto: W. Henkel

ger zu heftigen Attacken gegen Männchen. Dabei sind Verletzungen keine Ausnahme. „Kalt gezeitigte" Weibchen bleiben hingegen meist ruhig sitzen und lassen sich vom Männchen besteigen. Da dieses – wie alle Reptilien mit Ausnahme der Krokodile, Schildkröten und Brückenechsen – zwei Begattungsorgane (Hemipenes) besitzt, kann es von jeder Seite den der weiblichen Kloake zugewandten Hemipenis einführen. Ein standardisiertes Balzverhalten kann man fast nie beobachten. Häufig ist zu konstatieren, dass die Weibchen auf das Werben der Männchen ablehnend reagieren und zu flüchten versuchen. Im Terrarium ist dies selten von Erfolg gekrönt. Das Männchen verfolgt das Weibchen immer wieder, bis es schließlich zur Kopulation kommt. In diesen Fällen kann man auch häufig Bissverletzungen im Nacken- und Halsbereich der weiblichen Geckos erkennen: Das Männchen fixiert das Weibchen nämlich durch einen sogenannten Paarungsbiss im Nacken. Gerade in dieser Phase sind daher Hautverletzungen häufig, weil sich die Weibchen manchmal dem Paarungsbiss zu entziehen versuchen. Indes wirkt der Anblick der verletzten Hautpartien häufig wesentlicher dramatischer, als das tatsächlich der Fall ist. Man sollte das Weibchen allerdings einige Tage beobachten, um eventuelle Hautinfektionen auszuschließen. Nur gelegentlich sieht man Schwanzwedeln, Kopfnicken und Breitseit-Imponieren. Vermutlich wurden diese visuellen Stimulantia im Lauf der Stammesgeschichte durch chemische ersetzt. Leider fehlen auch zu diesem Thema jegliche Untersuchungen.

Die Geckos paaren sich das ganze Jahr über, außer in der kühlsten Jahreszeit. Trennt man die Geschlechter für einen längeren Zeitraum, so kommt es danach in den meisten Fällen sofort zur Kopulation. Pflegt man mehrere Weibchen in einem Terrarium und setzt dann ein Männchen dazu, so kopuliert dieses nacheinander mit jeder Partnerin. Die Geckos paaren sich mehrere Male hintereinander. Nach der Eiablage findet immer bald eine neue Paarung statt. Während der Kopulation wird das Weibchen – wie schon erwähnt – vom Männchen immer durch einen Nackenbiss fixiert. Ein bei Geckos und anderen Reptilien weit verbreitetes Phänomen ist ferner die Vorratsbefruchtung oder Amphigonia retardata. Da die Weibchen zur Spermaspeicherung befähigt sind, reicht oft eine Paarung aus, um anschließend mehrere befruchtete Gelege abzusetzen. ABRAHAM (1986) gibt die Überlebensfrist der Spermien beim Weibchen mit vier Monaten an.

Trächtigkeit, Eiablage, Zeitigung und Schlupf

Während einer Fortpflanzungsperiode können die Weibchen mehrmals Eier legen. Erfahrungsgemäß produzieren junge Weibchen 1–3 Gelege pro Jahr, mit zunehmendem Alter 4–5, in Ausnahmefällen sogar bis zu 10. Mit weiter zunehmendem Alter reduziert sich die Anzahl der Gelege allmählich, bevor die Fortpflanzung im Alter von ca. 14 Jahren ganz aussetzt. Nach RÖSLER (1995) legen die Weibchen in einer Fortpflanzungsperiode vier Gelege im Abstand von 15–67 Tagen; der Abstand zwischen zwei Legeperioden beträgt ihm zufolge zehn Monate. Nach H. Zander (mündliche Mitteilung) werden während der Legeperiode alle 14–16 Tage zwei Eier abgelegt, insgesamt produziert ein Weibchen zehn Gelege.

Nach erfolgreicher Paarung zeigen die Weibchen einen wesentlich gesteigerten Appetit und legen eine leicht erhöhte Aggressivität an den Tag. Die Dauer der Trächtigkeit kann unterschiedlich ausfallen: In der Regel beträgt sie etwa 3–4 Wochen, durchschnittlich verstreichen zwischen Kopulation und Eiablage ca. 23 Tage. In dieser Zeit sollten die Geckos soviel Nahrung erhalten, wie sie zu sich nehmen wollen, wobei auf eine möglichst hochwertige Zusammensetzung geachtet werden muss. Neben dem üblichen Beutefang kann man die Weibchen nun auch gelegentlich bei der Aufnahme von Kalk in Form von zerstoßener Sepiaschale, Eischale oder Muschelgrit beobachten. Daher sollte ein Schälchen mit einem entsprechenden Kalkpräparat immer im Terrarium vorhanden sein. Rückt der Zeitpunkt der Eiablage näher, so zeichnen sich die heranreifenden Eier deutlich im Leib des Weibchens ab. Kurze Zeit vor der Ablage reduzieren die Weibchen die Nahrungsaufnahme bzw. stellen diese vollständig ein und zeigen eine erhöhte Aktivität. Sie wandern dann auf der Suche nach einem geeigneten Eiablageplatz nervös umher.

Für eine problemlose Eiablage ist es unerlässlich, den Weibchen hierfür geeignete Plätze anzubieten. Das Fehlen entsprechender Stellen im Terrarium kann zur Legenot und damit zum Tod des Weibchens führen. Analysiert man die bevorzugten Eiablageplätze, so stellt man immer wieder fest, dass warme Stellen (25–30 °C) mit feuchtem, leicht bearbeitbarem Substrat bevorzugt werden. In das Geckoterrarium stellt man daher zur Eiablage einfach einen (nicht klarsichtigen) Behälter aus Ton, Plastik o. Ä., der etwa 20cm lang, 10cm breit und 10cm hoch sein sollte. Hierein füllt man ca. 5–10 cm hoch leicht feuchten Sand oder ein anderes geeignetes Substrat. Der Behälter wird nun z. B. mit einem Deckel abgedichtet, der entweder eine Öffnung von 3 cm Durchmesser aufweist oder die Schale nicht ganz abdeckt. Wichtig ist jedoch, dass immer ein wenige Zentimeter hoher Hohlraum und eine ausreichend große Eingangsöffnung vorhanden sind, durch die das Weibchen zum Ablegeplatz gelangen kann. Diese Anlage sollte möglichst an einem leicht erwärmten (25–30 °C) Platz des Terrariums installiert werden, jedoch nicht unbedingt über einer Heizquelle stehen, da das Substrat sonst zu schnell austrocknet. Es muss immer wieder rechtzeitig nachbefeuchtet werden.

Fast immer nehmen die Geckos zur Eiablage eine solche künstliche „Nisthöhle" an. Der Vorteil eines derartigen Ablagekastens liegt in der schnellen Auffindbarkeit der Gelege, und auch das Risiko der Legenot wird so deutlich verringert.

Wem dies zu „künstlich" anmutet, kann seinen Weibchen auch einfach eine feuchte Stelle als Eiablageplatz anbieten. Diese – möglichst eine Ecke, damit beim Nachfeuchten nicht das ganze Terrarium unter Wasser gesetzt werden muss – wird stets leicht feucht gehalten. Um den Weibchen das Suchen nach einem geeigneten Platz zum Graben zu erleichtern, kann man eine flache Steinplatte oder Ähnliches auf die feuchte Erde legen: Meist beginnen die Tiere, an deren Kante zu graben. Die Platte muss aber an den Seiten eine Auflage besitzen und darf beim Untertunneln nicht auf den Gecko fallen können. Die Nachteile dieser Methode sind indes vielfältig: Aufgrund der im Regelfall recht hohen Temperaturen im Leopardgeckoterrarium trocknet das Substrat sehr schnell aus, und wer nicht täglich nach Gelegen sucht, wird durch das Eintrocknen der Eier viele Verluste zu beklagen haben.

Zur Eiablage scharren die Weibchen mit den Vorder- und Hinterbeinen ein wenige Zentimeter tiefes Loch, in das sie ihre Eier legen. Anschließend scharren sie die Nestgrube wieder sorgfältig zu. Gelegentlich werden die Eier auch vollkommen offen auf dem Boden abgelegt und nicht vergraben. Dies ist nicht normal, aber die Aussage, dass es sich dabei immer um unbefruchtete Eier handelt, trifft nicht zu.

Die Weibchen bewachen oft noch Stunden nach der Ablage das Gelege. Auch wenn man die Eier sofort nach dem Legen entfernt und das Weibchen vorher herausnimmt, kommt es anschließend zum Ablageplatz zurück.

Die weiche Schale der Leopardgeckoeier besteht aus einer pergamentartigen, faserigen Haut. Die weiche Schale ist ein Kennzeichen aller Lidgeckoeier. Aufgrund dieser Hülle sind sie stärker als die hartschaligen Eier anderer Geckofamilien von den umgebenden Umwelt-

Eublepharis macularius bei der Eiablage   Foto: W. Henkel

bedingungen abhängig. Die benötigte Luft und Feuchtigkeit werden dem Substrat entnommen. Aus diesem Grund vergraben die Weibchen ihre aus 1–2 Eiern bestehenden Gelege nur in ausreichend feuchtem lockeren Boden. Direkt nach der Ablage ist die Eischale meist noch recht flexibel, klebrig und leuchtend weiß gefärbt. Anschließend verklebt die Schale mit Partikeln des Substrates und nimmt so die Farbe des Untergrundes an.

Das Ei enthält den von schützenden Fruchthüllen (Chorion, Amnion, Allantois) umgebenen Embryo. Weiterhin birgt es einen großen Dottervorrat in einer eigenen Hülle. Unbefruchtete Eier erkennt man meist sofort: Häufig zeigen sie ein wachsartiges Aussehen oder zumindest einen gelblichen Schimmer, wobei sie oftmals noch zusätzlich von gelatinöser Konsistenz sind („Wachseier"). Im Gegensatz dazu sind befruchtete Eier prall und schneeweiß. Sie messen im Durchmesser ca. 12–17 mm, in der Länge 25–35 mm und sind von länglich ovaler Form. Ihre Masse beträgt nach der Ablage etwa fünf Gramm.

Im Zug der Entwicklung wachsen die Eier bis kurz vor dem Schlupf erheblich: ABRAHAM (1986) gibt ihre Größe mit ca. 32,5 × 14,5 mm an. WILHELM (1998) zufolge sind die Eier bei der Ablage 15 mm breit und 26 mm lang; bis zum Schlupf dehnen sie sich auf 19 mm Dicke und 29 mm Länge aus. Ihre Größe hängt zum Teil vom Alter des Weibchens, seinem Allgemeinzustand, der Anzahl der Gelege pro Saison und auch der Haltungstemperatur ab. Analog zur Legegröße der Eier variiert auch ihr Wachstum. Allerdings hängt die Eigröße nicht unbedingt mit

Haltung und Vermehrung im Terrarium

der Größe der geschlüpften Jungtiere zusammen: Aus den größten Eiern kommen also nicht zwingend die stattlichsten Jungen.

Die Gelege sollten immer sofort aus dem Terrarium entnommen werden, damit sie nicht Terrarienmitbewohnern, unzureichenden Umweltbedingungen oder Futtertieren wie Grillen, Schaben u. Ä. zum Opfer fallen. Leopardgeckos sind ausgesprochene Kannibalen: Sie werden ihre Jungtiere unverzüglich fressen, wenn man ihnen die Möglichkeit dazu gibt. Möchte man die Eier trotzdem im Terrarium zeitigen, so muss die Eiablagestelle mit einem Korb aus Drahtgeflecht oder Ähnlichem gesichert werden. So ist gewährleistet, dass zum einen weitere Grabtätigkeiten der Weibchen die Eier nicht beschädigen, und zum anderen können die schlüpfenden Jungtiere nicht von den Elterntieren gefressen werden.

Bei der Entnahme der Eier zur Inkubation ist äußerste Vorsicht geboten: So muss man das Gelege erst vorsichtig freilegen, dann sollte die Oberseite der Eier mit einem weichen Bleistift gekennzeichnet werden, um ein späteres Wenden zu vermeiden. Werden die Eier zu einem späteren Zeitpunkt verdreht, sterben die Embryos ab. Wann genau der Zeitpunkt eintritt, an dem eine größere Lageveränderung der Eier tödliche Folgen hat, ist nicht bekannt. In den ersten 24 Stunden nach der Eiablage führt ein Verdrehen noch nicht unbedingt zum Absterben des Embryos.

Die Eier werden nun in einen Zeitigungsbehälter überführt, der mit mäßig feuchtem Substrat gefüllt ist. Als Zeitigungssubstrate eignen sich besonders Perlite und Vermiculite. Allerdings muss man beim Kauf dieser Produkte darauf achten, dass sie auch für die Pflanzenkultur in Frage kommen und nicht als Isoliermaterial auf dem Bau verwendet werden. Letztere sind oft mit einem Imprägniermittel behandelt, das die Eischalen auflöst. Wer die Eier unbedingt auf Sand zeitigen möchte, sollte nur unbehandelten verwenden; auch Vogelsand können für die Eischalen schädliche Substanzen beigemischt sein.

Egal ob Perlite oder Vermiculite als Substrat dienen – im Zeitigungsbehälter darf niemals überschüssiges Wasser sein. Im allgemeinen gilt bei Vermiculite die Faustregel, dass das Substrat ausreichend feucht ist, wenn im Eizeitigungsbehälter kein freies Restwasser vorhanden ist und das Material beim Zerdrücken zwischen den Fingern etwas Flüssigkeit freigibt. Bei Perlite spiegelt sich der Grad der Substratfeuchte in dem Feuchtigkeitsniederschlag am Dosenrand wider. Letzterer sollte nur an einigen Stellen ganz leicht beschlagen sein.

Die richtige Einstellung des Inkubationssubstrates erfordert Fingerspitzengefühl und/oder Erfahrung. Es ist für den Anfänger sicher hilfreich, bei einem erfahrenen Terrarianer richtig eingestelltes Substrat einmal selbst zu fühlen. Tiefergehende Ausführungen zu diesem Thema finden sich auch bei KÖHLER (1997).

Als Zeitigungsbehälter eignen sich klarsichtige, dicht schließende Plastikdosen, die jederzeit eine Kontrolle ohne Öffnen des Behälters ermöglichen. In Dosen, in denen Vermiculite als Substrat verwendet wird, testet man die

Gelege von *Eublepharis macularius* Foto: W. Schmidt

Substratfeuchte etwa alle drei Wochen. Gleichzeitig sorgt das Öffnen des Behälters auch für einen ausreichenden Gasaustausch. Stellt man fest, dass im Substrat keine ausreichende Feuchtigkeit mehr vorhanden ist, muss es nachbefeuchtet werden. Dafür verwendet man vortemperiertes Wasser, das vorsichtig am Dosenrand in den Zeitigungsbehälter gegeben wird, ohne die Eier zu benetzen.

Den Zeitigungsbehälter stellt man nun in einen Inkubator. Je nach gewünschtem Geschlechterverhältnis (siehe „Geschlechtsbestimmung und -ausprägung") sollte der erforderliche Temperaturbereich zwischen 25 und 33 °C gewählt sein. Auch schwankende Temperaturen – beispielsweise tagsüber bis zu 31 °C und nachts maximal 20 °C – werden von den Eiern im Allgemeinen gut vertragen. Bei zahlreichen Reptilien sind die derart gezeitigten Jungtiere deutlich agiler als Nachzuchten, die bei konstanten Werten inkubiert wurden. Diese Beobachtung konnten wir beim Leopardgecko jedoch nicht machen. Alle handelsüblichen und selbstgebauten Modelle von Inkubatoren sind geeignet, wenn sie nur in der Lage sind, die gewünschte Temperatur relativ konstant zu halten. Am geläufigsten sind die „Kunstglucke" der Firma Jäger, der Brutschrank der Firma Exotarium und der Motorbrüter nach BRÖER & HORN (1985). Wesentlich preiswerter ist der folgende, schon seit Jahren erprobte und sehr einfach zu bauende Brutkasten: Man nimmt ein kleines Aquarium, in das etwa 10 cm hoch Wasser eingefüllt wird. Auf den Boden legt man zwei Ziegelsteine, die über den Wasserspiegel hinausragen und auf die später die Zeitigungsbehälter gestellt werden. Beheizt wird das Aquarium durch einen regelbaren Aquarienheizstab mit geringer Leistung, der im Wasser angebracht wird. Verschlossen wird das Aquarium mit einem dicht schließenden Styropordeckel. Im Inneren muss ein verlässlich arbeitendes Thermometer installiert sein. Hiermit wird die Temperatur laufend kontrolliert, bis sie im gewünschten Bereich liegt. Erst wenn die Werte mehrere Tage den Anforderungen entsprechen, kann ein Brutbehälter mit Eiern hineingestellt werden; die Temperaturen sollten aber weiterhin täglich kontrolliert und gegebenenfalls korrigiert werden.

In der Regel bereitet die Zeitigung keine Probleme. Nur gelegentlich können die Eier Pilzbefall aufweisen, den man aber mit einer antimykotischen Salbe leicht in den Griff bekommen kann. In so einem Fall sollte allerdings unverzüglich das Substrat ausgetauscht werden.

Die Zeitigungsdauer der Eier hängt in erster Linie von der Temperatur ab. Darüber hinaus ist anscheinend auch die Herkunft ein Kriterium für die Entwicklung der Embryonen. Ganz ausschlaggebend ist jedoch, ob es sich um Wildfänge oder um Nachzuchten über mehrere Generationen handelt. So werden die Abstände zwischen Eiablage und Schlupf bei den Nachzuchten immer kürzer, und auch die Geschlechtsreife tritt eher ein. Hier wirken sich vermutlich die gegenüber dem teilweise extremen Klima in der Natur wesentlich günstigeren Terrarienbedingungen positiv aus.

Je nach gewählter Zeitigungstemperatur schlüpfen die Jungtiere nach etwa 35–70 Tagen. HENKEL & SCHMIDT (1991) geben bei konstant 28 °C eine Zeitigungsdauer von 45–53 Tagen an. RÖSLER (1995) vermeldet als Inkubationszeit 42–69 Tage, und SEUFER (1985) führt 39–62 Tage an, jedoch ohne Angabe einer Zeitigungstemperatur. ABRAHAM (1986) beziffert die Inkubationszeit der Eier – ebenfalls ohne Angabe der Temperatur – mit 35–65 Tagen. Im Durchschnitt setzt er sie mit 45 Tagen an. WILHELM (1998) erwähnt Werte zwischen 26 und 28 °C, bei denen die Embryonen für ihre Entwicklung 35–42 Tage benötigen; bei ihm starben sie bereits bei einer längeren Temperaturerhöhung über 30 °C ab. Herr ZANDER gab uns folgende Daten (mündl. Mitteilung): Bei einer Zeitigungstemperatur von 33 °C am Tag und

Im Uhrzeigersinn: Schlupf eines Leopardgeckos
Fotos: B. Love/Blue Chameleon Ventures

29 °C in der Nacht schlüpfen die Jungen nach 65–70 Tagen. Hierbei waren etwa 40 % Männchen. Bei einer Temperatur von 24–25 °C lagen die Zeiten bei 80–90 Tagen, und es waren 100 % Weibchen. Ob es bei den einzelnen Unterarten signifikante Abweichungen hinsichtlich der Zeitigungstemperatur oder -dauer gibt, ist nicht bekannt.

Der eigentliche Schlupf kündigt sich meist durch das „Schwitzen" der Eier an. Hierbei bilden sich auf der Schale (mitunter zahlreiche) kleine Wassertropfen, während sich das Volumen des Eies verringert. Mit Hilfe des paarigen Eizahns schlitzen die Jungtiere nun die Hülle in Längsrichtung auf. Als Erstes schieben sie dann vorsichtig ihre Schnauze ins Freie und verharren noch kurze Zeit, ehe sie das Ei ganz verlassen. Unterdessen nehmen sie teilweise noch den restlichen Dotter in die Leibeshöhle auf und stellen ihren Organismus auf die Lungenatmung um.

Kaum aus dem Ei geschlüpft, bewegen sich die Jungtiere äußerst flink und schreckhaft, so dass sich ihre Entnahme aus dem Zeitigungsbehälter nicht so einfach gestaltet. Bereits kurz nach dem Schlupf häuten sich die jungen Geckos zum ersten Mal.

Zu diesem Zeitpunkt messen die kleinen Echsen etwa 75–89 mm und wiegen etwa 2,5–3,5 g.

Ihr Wachstum ist enorm: Bereits nach zwölf Monaten können die Männchen eine Länge von etwa 24 cm und eine Masse von ca. 30 g aufweisen. Ausgewachsene Tiere wiegen im Durchschnitt bei einer Kopf-Rumpf-Länge von 14,5 cm 40 g. Die Weibchen erreichen hingegen bei 11,5 cm ein Durchschnittsgewicht von 30 g. Das Wachstum ist allerdings, wie schon erwähnt, von verschiedenen Faktoren abhängig.

Schlüpflinge, „Leucistic"
Fotos: B. Love/Blue Chameleon Ventures

Haltung und Vermehrung im Terrarium

Die Aufzucht der Jungen

Die frisch geschlüpften Leopardgeckos werden in kleinen Terrarien aufgezogen, deren Einrichtung den Behältern für erwachsene Tiere nachempfunden wurden. Als Bodengrund verwendet man am besten ein Sand-Lehm-Gemisch, auf dem einige Steinplatten, Tonscherben oder Miniatur-Tonschalen als Versteckmöglichkeiten liegen. Auch das Terrarienklima sollte ähnlich wie für die ausgewachsenen Tiere gewählt sein, nur dürfen die Tageshöchsttemperaturen nicht ganz so hoch sein, da die Jungtiere empfindlicher sind und die kleinen Behälter eher zur Überhitzung neigen.

Besonders wichtig ist es auch, dass in diesen kleinen Miniterrarien immer ein feuchter Rückzugsplatz – beispielsweise unter einer

Unterschiedlich gefärbte Jungtiere   Foto: W. Henkel

Die Muster beim Jungtier bleiben auch im Alter erhalten   Foto: W. Schmidt

Haltung und Vermehrung im Terrarium

Jungtier im Terrarium Foto: W. Schmidt

Steinplatte in einer Ecke oder unter der Tonschale – vorhanden ist, da die Jungtiere empfindlich auf zu starke Trockenheit reagieren. Im Idealfall zieht man die kleinen Geckos einzeln auf. Auf diese Weise hat man auch eine gute Kontrolle darüber, was die Tiere fressen. Wer jedoch mehrere Jungtiere versorgen muss, kommt dabei schnell in Platznöte. Es bleibt nur die gemeinsame Aufzucht in einem entsprechend geräumigen Terrarium. Dies ist durchaus möglich, zumindest bei gleich großen Tieren. Die Vorteile dieser Aufzucht liegen in der Konkurrenz und dem Futterneid der Jungen untereinander, so dass sie besser an die ihnen angebotenen Insekten gehen. Die Geckos sollten aber niemals gemeinsam mit empfindlichen artfremden Echsen aufgezogen werden, da sie diesen häufig das ganze Futter vor der Nase wegschnappen.

Einmal täglich werden die Aufzuchtbehälter kurz überbraust, wobei auch das stets vorhandene Wasserschälchen frisch aufgefüllt wird. Am besten in den frühen Abendstunden gibt man ausreichend Futter in das Terrarium: Die Futtertiere müssen immer gut mit einem Vitamin-Mineralstoff-Aminosäuren-Gemisch (beispielsweise Korvimin ZVT) eingestäubt werden. Einige Tiere akzeptieren schon am Tag des Schlupfes das angebotene Futter, während andere erst am folgenden die erste Nahrung zu sich nehmen. Bis dahin zehren sie noch von ihrem Dottervorrat. Als Erstfutter sind kleine, ca. 0,5 cm große Heimchen oder vergleichbare Insekten geeignet.

Juveniler Leopardgecko
Foto: B. Love/
Blue Chameleon Ventures

Während der Aufzucht muss die Terrariengröße dem Wachstum der Nachzuchten angepasst werden. Sie sollte jedoch auch nicht zu groß gewählt sein, da es sonst passieren kann, dass die Jungtiere nicht genügend Futter finden.

Für die ersten zwei bis drei Monate reicht ein Aufzuchtterrarium mit den Bodenmaßen 200 mm × 200 mm für bis zu drei Jungtiere völlig aus. Danach sollte es auf die doppelte Fläche bei der gleichen Anzahl an Jungtieren vergrößert werden. Nach einem Jahr können die Geckos dann ihr endgültiges Terrarium beziehen.

Vergesellschaftung mit anderen Tierarten

Von einer Vergesellschaftung mit anderen Echsen – auch mit rein tagaktiven – muss abgeraten werden, da Leopardgeckos sehr streitsüchtig sein können. Völlig ausgeschlossen ist eine Vergesellschaftung mit anderen Bodengeckos. Wer dies dennoch wagt, muss unbedingt dafür sorgen, dass die betreffenden Tiere nicht in das Beutespektrum der Geckos passen (und umgekehrt, beispielsweise im Falle des Jemenchamäleons *Chamaeleo calyptratus*!). Leider sind bei der Vergesellschaftung mit anderen Reptilienarten immer wieder Unfälle zu verzeichnen. Bei uns biss ein Leopardgecko einem ausgewachsenen Taggecko (*Phelsuma standingi*) auf der Jagd nach Futtertieren einen Fuß ab. Auch die Vergesellschaftung mit einem gleich großen Bodengecko endete mit dem Tod eines der Tiere. Wir können folglich nur davon abraten, andere Echsenarten gemeinsam mit Leopardgeckos zu pflegen. Manchmal kann die Vergesellschaftung mit gleich großen Reptilien auch eine lange Zeit funktionieren, insbesondere wenn diese eine andere Aktivitätszeit aufweisen. Dieses ist aber kein Kriterium dafür, dass es grundsätzlich so ist. Oft werden Unfälle nur durch Reflexbewegungen ausgelöst: Beim Schnappen nach einem Futtertier kann sehr schnell der Schwanz oder ein anderer Körperteil von Mitbewohnern erwischt werden. Da Leopardgeckos ein kräftiges Gebiss haben und einmal Erfasstes auch nicht so schnell wieder loslassen, ist sogar ein Knochen sehr schnell durchtrennt.

Das Terrarium und seine Einrichtung

Die Frage nach dem richtigen Terrarium hängt eigentlich nur vom persönlichen Geschmack ab. Auch ein schönes Schrankaquarium kann entsprechend umfunktioniert werden. Zum Luftaustausch reicht es hierbei völlig aus, wenn man mit einem Lüfter zeitweise – z. B. alle zwei Stunden – zwei Minuten lang Luft in das Aquarium (Terrarium) hineinbläst. Es ist aber immer besser, wenn man sich für ein passendes Terrarium mit den nötigen Lüftungsflächen entscheidet. Mittlerweile gibt es im Zoofachhandel Behälter für jeden Geschmack; wie sie von außen wirken, interessiert die Geckos überhaupt nicht. Auch ob sie aus Glas, Holz, Metall, Kunststoff oder Mauerwerk bestehen, spielt für die Tiere nur eine untergeordnete Rolle. Was zählt, ist der Lebensraum im Terrarium.

Da Leopardgeckos sehr wenige Ansprüche an ihre Umgebung stellen, kann man diese mit einem geringen Aufwand befriedigen. Das Terrarium sollte große Lüftungsflächen aufweisen, um einen ausreichenden Luftaustausch zu gewährleisten. Dies lässt sich auch durch den Einsatz von Ventilatoren bewerkstelligen. Eine schräge Frontscheibe ermöglicht einen schönen Einblick in das Innere.

Auch der Bau eines individuellen Terrariums ist heute kein Problem mehr. Einige Firmen haben sich auf den Bau von ausgefallenen Modellen spezialisiert: ob Panoramabecken, Eckterrarien oder ganze Terrarienwände aus Aluminium-Stecksystemen – sie alle sind heute ohne Schwierigkeiten verfügbar.

Für die Größe des Terrariums gibt es inzwischen „Mindestanforderungen" (BUNDESMINISTERI-

Haltung und Vermehrung im Terrarium

UM FÜR ERNÄHRUNG, LANDWIRTSCHAFT UND FORSTEN 1997). Demnach soll die Terrariengröße für ein Paar *Eublepharis* 4 × 3 × 2 multipliziert mit der Kopf-Rumpf-Länge der Tiere betragen. Bei einer Kopf-Rumpf-Länge von 150 mm muss das Terrarium also eine Größe von 600 mm × 450 mm × 300 mm haben.

Leopardgeckos sind Bodengeckos, die in der Natur aber sehr unterschiedliche Habitate bewohnen. Sie bevorzugen festen Boden mit einigen Unebenheiten und Versteckplätzen. Ein fester Lehmboden kommt den Bedingungen in ihrem natürlichen Lebensraum wesentlich näher als feiner Sand. Einige Aufbauten zum Klettern sollten auf jeden Fall vorhanden sein.

Terrarium mit Leopardgeckos   Foto: W. Henkel

Einen Felsenaufbau kann man sehr gut aus vorgeschnittenen Styropor- oder Styrodurplatten anfertigen. Diese werden mit einer feinen Zementschlämme überzogen und in noch feuchtem Zustand mit Sand o. Ä. beworfen. Mit geeigneter Farbe kann man den Zement nach Belieben tönen. Falls ein größerer Felsenaufbau gestaltet werden soll, legt man zuerst die Platten mit dem feuchten Zement übereinander; zwischen die größeren Platten legt man immer wieder schmalere Stücke, die dann einige Nischen bilden. Zum Schluss werden die Zwischenräume bis auf einen gut einsehbaren Spalt mit etwas dickerer Zementschlämme abgedichtet, anschließend wird das Ganze mit Sand bestreut. Nach zwei Tagen Aushärtezeit ist der feste und stabile Felsaufbau fertig. Er sorgt nicht nur für Versteckmöglichkeiten, sondern bietet den Tieren auch Gelegenheit zu mehr Betätigung und einen größeren Aktionsradius.

Das Gleiche gilt auch für den Bodengrund: Wählt man Sand, so hat man wenig Möglichkeiten, eine Struktur hineinzubringen. Ein festeres Substrat wie z.B. Ton, Erde oder Lehm lässt sich hingegen zu Hügeln und Tälern formen. Natürlich muss man den Boden vor der Bearbeitung erst anfeuchten, und in diesem Zustand kann man ihn dann leicht gestalten. Anschließend muss er aushärten, bevor man die Geckos hineinsetzt. Sehr schön lassen sich in so einem festen Bodengrund einige Höhlen und Verstecke anlegen. Wenn man sich allerdings für Sand entschieden hat, sollte man weder den scharfkantigen Reinsand noch groben Kieselsand verwenden. Für unsere Zwecke kommen eher Schmiersand oder auch Seesand in Frage, da letzterer eine vom Wasser rund geschliffene Oberfläche besitzt.

Für welchen Bodengrund man sich auch entscheidet: Viel wichtiger sind die Versteckmöglichkeiten. Bietet man den Tieren mehrere Verstecke an, so werden sie das für sie am ehesten geeignete auswählen. Hier verbringen sie den Tag, und erst in der Dämmerung kommen sie hervor. Wenn man künstliche Höhlen schafft, sollte der Eingang gerade für ein Tier ausreichend und die Kammer am Ende etwa faustgroß sein. Je enger der Unterschlupf ist, desto sicherer fühlen sich die Geckos.

Verstecke kann man aus den verschiedensten Gegenständen anfertigen. Bewährt haben sich umgestülpte unglasierte Pflanzenschalen, aus denen man an einer Seite ein Stück herausbricht und so einen kleinen Eingang schafft. Es hat sich als äußerst günstig erwiesen, die Schale alle zwei Tage mit Wasser zu übersprühen. Dadurch halten sich unter ihr eine gewisse Verdunstungskälte und eine höhere relative Luftfeuchtigkeit. Beides wird von den Geckos sehr gerne angenommen. Den gleichen Effekt erzielt man auch mit einem modellierten Versteck aus ungebranntem Ton. Hierbei hat man die Möglichkeit, eine etwas natürlicher wirkende felsenähnliche Struktur zu formen.

Andere Verstecke können aus hohl liegenden Steinen, Rindenstücken oder auch aus Wurzeln bestehen. Schwere Gegenstände müssen unbedingt auf dem Boden des Terrariums aufliegen. Da die Geckos häufig graben, können sie sich unter einem nachrutschenden Stein sehr schnell einklemmen, wenn dieser nicht auf dem Boden ruht.

Rück- und Seitenwände kann man genauso wie einen künstlichen Felsen herstellen (siehe auch HENKEL & SCHMIDT 1997). Wir wollen aber auch an dieser Stelle etwas näher darauf eingehen: Zuerst nimmt man eine Styrodurplatte und schneidet sie in der Größe der jeweiligen Wand zurecht. Sie sollte nicht dünner als 5 cm sein. Mit einer Heißluftpistole, aber auch über einer brennenden Kerze kann man eine reliefhafte Grundstruktur heraus- bzw. hineinarbeiten – aber nicht zu lange draufhalten, denn je dünner die Platte, desto schneller hat man ein Loch hineingesengt. Danach kann man mit PU-Schaum unterschiedliche Formen auf die Fläche bringen, die später in das Terrarium kommt. Die andere Seite bleibt unbehandelt, da diese später an die eigentliche Terrarienwand geklebt wird. Für eine größere Wand benötigt man mehrere Dosen PU-Schaum. In den noch weichen Schaum kann man einige zurechtgeschnittene Styrodurstücke hineindrücken. Diese werden hochkant auf die Grundplatte gestellt und dienen später als Miniatur-Felsplateaus. Die Zwischenräume kann man je nach Geschmack größer oder kleiner belassen. Auch hierbei lässt sich mit Schaum einiges ausgleichen. Man sollte aber auf jeden Fall bedenken, dass sich der Schaum beim Aushärten erheblich ausdehnt! Besser ist es daher, mit wenig Schaum anzufangen und später nach Bedarf nachzuschäumen. Die Hinweise auf der Dose müssen auf jeden Fall beachtet werden.

In die noch nicht ausgehärtete Masse kann man auch Wurzeln, Äste oder Rinde hineindrücken. Nach ca. 24–36 Stunden ist sie vollkommen ausgehärtet. Zum Prüfen steckt man an der dicksten Stelle einen Schraubendreher hinein. Falls der Schaum von innen noch nicht hart ist, klebt er am Werkzeug fest. Dabei bringt man auch Luft in die unteren Schaumpartien, und nicht ausgehärteter Schaum kann aus den Löchern heraustreten und völlig aushärten. Erst wenn dieser Prozess abgeschlossen ist, kann man mit der Oberflächenbearbeitung beginnen. Die Gestaltung eines Felsens hängt überwiegend vom persönlichen Geschmack ab. Man kann den Aufbau so belassen und das Ganze mit einer ungiftigen Farbe übersprühen. Hierbei wählt man einen natürlichen, dem Sand angepassten Farbton aus. Eine andere Möglichkeit ist das Überpinseln mit Epoxydharz, der dann mit Sand beworfen wird. Eine weitere Alternative besteht darin, z. B. aus Mauermörtel eine eingefärbte Zementschlämme herzustellen und den gesamten Aufbau damit zu überziehen. Will man eine glatte Oberfläche erzielen, so muss man sie im noch feuchten Zustand mit einem nassen Schwamm glätten. Allerdings kann man auch hier durch das Bewerfen mit Sand für eine rauhe Struktur sorgen. Nach weiteren zwei Tagen Aushärtezeit kann man die komplette Wand in

das Terrarium einbringen. Mit einem speziellen Kleber kann das Styrodur an fast jeden Untergrund angeklebt werden.
Eine Bepflanzung des Terrariums ist für Leopardgeckos nicht notwendig. Wenn man darauf aber nicht verzichten möchte, sollte man die Pflanzen in gesonderten Schalen unterbringen. Dabei besteht evtl. auch die Möglichkeit, sie mit einem geeigneten Leuchtkörper zu bestrahlen. Es eignen sich prinzipiell nur Pflanzenarten, die mit einer niedrigen relativen Luftfeuchtigkeit zurechtkommen.

Terrarienanlage für Leopardgeckos
Foto: W. Henkel

Terrarientechnik

Auch das schönste Terrarium kommt nicht ohne den Einsatz technischer Hilfsmittel aus: So benötigen unsere Geckos einen Tag-Nacht-Rhythmus sowie die Möglichkeit, ihre Vorzugstemperatur zu erreichen.
Zuerst sollte man sich eine Schaltuhr kaufen, besser sind zwei (eine für die Beleuchtung, die zweite für die Heizung). Da es auch schon mit einem Thermofühler ausgestattete Schaltuhren gibt, kann man diese hervorragend zur Steuerung der Heizung einsetzen. Digitaluhren sind mechanischen Modellen immer vorzuziehen. Sie mögen zwar etwas teurer sein, halten dafür aber wesentlich länger. Für einen regelmäßigen Tag-Nacht-Rhythmus beim Ein- und Ausschalten der Beleuchtung ist eine Schaltuhr unerlässlich.
Immer wieder tritt die Frage auf, ob eine Beleuchtung unbedingt nötig sei, da es sich doch um Nachtgeckos handele. Dieses hängt einzig und allein vom Standort des Terrariums ab. Befindet es sich in einem Wintergarten oder Gewächshaus, so kann man auf eine zusätzliche Beleuchtung fast ganz verzichten. Nur im Winter und in den Übergangsmonaten wird man eine zusätzliche Lichtquelle benötigen. Eine Hell- bzw. Dunkelphase von je zwölf Stunden ist angemessen. Erst wenn man bei Sonnenschein eine Leuchtstofflampe einschaltet, wird man erkennen, wie gering die Ausbeute im Verhältnis zur natürlichen Lichtfülle ist. In einem dunklen Zimmer oder im Keller muss eine Beleuchtung immer vorhanden sein. Hierbei sollte man auf die neuen, speziell für die Terraristik entwickelten Leuchtstoffröhren zurückgreifen. In einem völlig dunklen Keller muss auch nachts eine schwache Lichtquelle in Betrieb sein. Da die Augen der Geckos wie Restlichtverstärker arbeiten, können sie bei absoluter Dunkelheit nichts sehen. Dazu reicht ein Nachtlicht, wie man es etwa für die Steckdose bekommt, völlig aus. Bei der Beleuchtung ist allerdings eines zu beachten: je heller das Licht, desto dunkler müssen die Verstecke sein. Wenn man tagsüber das Terrarium hell beleuchtet und gegen Abend eine geringe Übergangsbeleuchtung einschaltet, wird man die Geckos schon vor der Dunkelheit beobachten können. Eine UV-Lampe ist nicht notwendig, allerdings muss der Vitamin-D_3-Bedarf des Körpers durch entsprechende Anreicherung des Futters gewährleistet werden (siehe „Futter").
Da Geckos wechselwarme Tiere sind, entspricht ihre Körpertemperatur der Umgebungswärme: sie benötigen daher einerseits einen Bereich, der ihrer Aktivitätstemperatur entspricht, andererseits eine Zone, wo sie ihre Vorzugstemperatur erreichen können. Diese ist immer

höher als die Aktivitätstemperatur. In den Sommermonaten sollte die Lufttemperatur bei 25–28 °C liegen. Am besten ist es, wenn man einen warmen Bereich mit etwa 28 °C und eine kühlere Zone mit 22 °C (Schlafquartier) schafft. Im natürlichen Lebensraum der Geckos können in den Sommermonaten Werte von 40–50 °C im Schatten vorherrschen. In ihren Bodenverstecken ist es aber auch dann noch angenehm kühl. In den Sommermonaten sinken die Temperaturen auch nachts meist nicht unter 28–30 °C. Draußen ist es folglich häufig heißer als in den Tagesverstecken. Dies begünstigt die nächtlichen Aktivitäten der Geckos. In den Wintermonaten liegen die Temperaturen am Tag nicht wesentlich über 25 °C, um in der Nacht teilweise bis unter die Frostgrenze zu sinken. Zu dieser Zeit legen die Geckos in ihren Verstecken eine Winterruhe ein. Dabei bewegen sich die Temperaturen dort im Bereich zwischen 5 und 10 °C.

Natürlich müssen wir derart extreme Temperaturschwankungen im Terrarium nicht simulieren. Wir bieten den Tieren von Februar bis November eine wärmere „Saison" und im Dezember/Januar eine kurze Winterruhe bei reduzierter Beleuchtung (6–8 Stunden) und geringerer Temperatur (ca. 10–12 °C).

Zum Erwärmen des Terrariums reicht in den meisten Fällen die Beleuchtung aus. Als zusätzliche Heizquelle können wir Heizsteine oder -matten installieren. Erstere werden im Inneren des Terrariums, letztere unter dem Behälterboden installiert. Wenn wir eine Kabelheizung benutzen wollen, wird diese in eine dünne Styropor- oder Styrodurplatte gebettet. Dazu werden die Rillen, in denen das Kabel verlegt wird, mit einem Messer herausgeschnitten oder mit einem Lötkolben herausgebrannt. Das Kabel wird hinein- und die Platte mit der ausgeschnittenen Seite unter das Terrarium gelegt. Hierbei sollte man darauf achten, dass immer nur ein kleiner Teilbereich des Behälterbodens erwärmt wird. Der Schlafplatz darf auf keinen Fall beheizt werden. Wenn man die Heizung von 18.00–22.00 Uhr einschaltet, werden die Geckos in dieser Zeit herauskommen, um sich aufzuwärmen. Besteht die Gefahr der Überhitzung, so muss die Heizung – und evtl. auch die Beleuchtung – über einen Thermostat gesteuert werden. Ein zugeschalteter Ventilator kann zusätzlich noch kühlere Luft hineinblasen. Besitzt man ein Holzterrarium, ist eine Heizung von außen nicht sinnvoll. In diesem Fall legt man die Platte mit dem Heizkabel in das Becken und platziert darüber eine Schieferplatte.

Sehr häufig findet man seine Geckos schlafend in der Eiablagedose. Das liegt daran, dass dort eine etwas höhere relative Luftfeuchtigkeit und eine gewisse Verdunstungskälte herrschen.

Futter und Ernährungsprobleme

Alle Vertreter der Gattung *Eublepharis* sind ausgeprägte Räuber: In der Natur besteht ihre Nahrung hauptsächlich aus Insekten (darunter viele Käferarten), Echsen und Jungtieren von Kleinsäugern. Darüber hinaus werden auch Skorpione und Ameisenlöwen erbeutet. Eigentlich frisst der Leopardgecko jedes Futtertier, das er überwältigen kann. Jedoch darf man nicht allgemein davon ausgehen, dass alle Vertreter dieser Art die gleichen Vorlieben haben. Während manche Individuen gierig an nestjunge („nackte") Mäuse gehen, sind andererseits immer wieder Tiere anzutreffen, die Nager kategorisch ablehnen. Futterechsen wecken jedoch immer wieder das Interesse der Tiere. So hat kein Vertreter dieser Gattung bei einem der Autoren die ihm angebotenen Geckos verschmäht (wobei angemerkt sei, dass es sich immer um nicht lebensfähige Jungtiere anderer Geckoarten handelte). Dies ist auch der Grund dafür, dass kleinere Reptilien niemals zusammen mit Vertretern der Gattung *Eublepharis* gehalten werden können. Die Beutegier der Lidgeckos geht so weit, dass selbst eigene Jungtiere unverzüglich gefressen werden. Das

Haltung und Vermehrung im Terrarium

Verhalten beim Erspähen und Ergreifen der Beute ist bei allen Vertretern der Gattung sehr charakteristisch: Das Futtertier wird visuell geortet und mit schnellen, zielstrebigen Bewegungen verfolgt. Kurz vor dem Ergreifen der Beute bleibt der Leopardgecko stehen, und sein Schwanz wedelt in sichtbarer Erregung hin und her (manchmal wird er dabei sogar steil nach oben gerichtet); dann erfolgt das blitzschnelle Zupacken. Dabei schließen die Tiere die Augen, um diese vor Verletzungen durch die Beute zu schützen. Meistens wird das Opfer sofort mit den kräftigen Kiefern zu Tode gequetscht. Dann wird es normalerweise im Maul in die richtige Position gebracht, damit es mit dem Kopf voran verschlungen werden kann.

Ein sehr guter Indikator für den Allgemein- und natürlich auch für den Ernährungszustand ist die Form des Schwanzes: Bei gut im Futter stehenden Tieren ist er prall und rund – manchmal hat man den Eindruck, dass er gar nicht zum restlichen Körper passt. Die Tiere sind in der Lage, dort Nährstoffreserven z. B. für die Winterruhe anzulegen. Während der Legeperiode der Weibchen nimmt das Volumen des Schwanzes manchmal sogar sichtbar ab. Jedoch ist strikt davon abzuraten, die Tiere zu überfüttern.

Da Leopardgeckos ihrem Pfleger gegenüber recht zutraulich werden können, ja oft bei dessen Anwesenheit vor dem Terrarium angelaufen kommen und sehr gierig sind, machen viele Pfleger den Fehler, die Tiere zu häufig und zu reichlich zu füttern. Es scheint kein Problem darzustellen, die Geckos jeden Tag zum Fressen zu bringen, und es hat auch den Anschein, dass sie jederzeit hungrig sind, da sie angebotenes Futter eigentlich immer akzeptieren. Jedoch liegt genau hierin die Gefahr einer Verfettung der Tiere bei der Terrarienhaltung. Nur selten kann in der Natur ein „dickes" Tier beobachtet werden – meist sind sie schlank und müssen bei der Nahrungssuche weite Strecken zurücklegen. Hierbei wird vom Körper natür-

Leopardgecko beim Fressen eines Heimchens   Fotos: B. Love/Blue Chameleon Ventures

Auch Mehlwürmer werden gerne gefressen
Fotos: B. Love/Blue Chameleon Ventures

lich viel Energie verbraucht. Des Weiteren sind die Echsen in der Natur auch von Prädatoren (Beutegreifern bzw. Fressfeinden) bedroht. Daher müssen sie dort jederzeit auf der Hut sein, nicht selbst zur Beute anderer Tiere zu werden. Diese beiden Faktoren sind bei der Haltung im Terrarium nicht gegeben. Vielmehr läuft ihnen hier das Futter vor der Nase umher, und „Stress" ist für die Tiere bis auf die Fortpflanzungszeit auch kein großer Faktor. Daher kann man jedem Pfleger nur raten, die Tiere verhältnismäßig zurückhaltend zu füttern (ein- bis zweimal pro Woche hat sich in der Praxis bewährt). Eine Ausnahme stellen hier lediglich trächtige Weibchen dar. Bei ihnen sollte man gewährleisten, dass sie die zur Bildung und Reifung der Eier nötigen Nährstoffe erhalten.

Als Futtertiere kommen in erster Linie verschiedenste Insekten in Frage, die sich entweder zu Hause züchten lassen oder im Handel in großer Fülle angeboten werden: Wanderheuschrecken, verschiedene Arten von Heimchen und Grillen, Wachsmotten und deren Larven, Larven des Schwarzkäfers, verschiedene Schaben-

arten und Mäusebabys stellen durchweg geeignete Futtersorten dar. Auf jeden Fall ist eine eigene Futtertierzucht den gekauften Futterinsekten vorzuziehen: Man kann damit nämlich zum einen sicherstellen, dass jederzeit unbedenkliches Futter verfügbar ist, und zum anderen die Tiere mit hochwertiger Nahrung versehen, was letztendlich auch den Pfleglingen am Ende der Nahrungskette zugute kommt. Jedoch sollte man sich darüber im Klaren sein, dass die eigene Futtertierzucht nur mit einem nicht zu unterschätzenden Zeitaufwand optimal läuft. Auch gekaufte Futtertiere müssen vor dem Verfüttern mindestens zwei Tage lang mit geeigneter Nahrung (siehe „Futtertierzuchten") gefüttert werden, so dass ihr Nährwert kräftig gesteigert wird. Bei der Fütterung sollte man darauf achten, verschiedenste Insektenarten anzubieten, damit jede einseitige Ernährung vermieden wird. Da die Leopardgeckos wie beschrieben nicht wählerisch sind und eigentlich jedes Futtertier der richtigen Größe fressen, sollte dies kein Problem darstellen. Schwierigkeiten bereitet u. U. der Calcium-Phosphor-Gehalt der Futtertiere, da diese Mineralstoffe normalerweise ungefähr im Verhältnis 1:9 vorliegen. Unsere Pfleglinge benötigen jedoch ein Verhältnis von 1:1 bis 1,5:1. Dies lässt sich zum einen dadurch erreichen, dass man die Futtertiere vor dem Verfüttern mit einem Vitamin-Mineralstoff-Gemisch einstäubt (gute Erfahrungen wurden z. B. mit „Korvimin ZVT" gemacht). Darüber hinaus werden unsere Futtertiere mit

„Calcipot D$_3$" eingestäubt. Aber auch mit dem Produkt „CALCAmineral" für Tauben haben wir gute Erfahrungen gemacht. Unerlässlich ist es jedoch, hierbei zu beachten, dass die Futtertiere auch immer rasch gefressen werden, da ansonsten der Calciumstaub nach einer gewissen Zeit wieder von ihnen heruntertieselt bzw. durch Putzen entfernt wird. Wesentlich einfacher ist hierbei das gezielte Füttern von der Pinzette, da man so sicherstellt, dass die Insekten unverzüglich gefressen und auch alle Pfleglinge versorgt werden. Vor allem sollten große Schaben unbedingt von der Pinzette verfüttert werden, da sie die Eigenschaft haben, sich unverzüglich im Terrarium zu verstecken – manchmal an für die Geckos unzugänglichen Stellen. Darüber hinaus kann man seinen Geckos noch kleine Stücke von Sepiaschalen anbieten. Diese werden in einem Topf einfach in das Terrarium gestellt. Die harte Außenschale wird dabei allerdings nicht verwertet.

Das Problem des falschen Calcium-Phosphor-Verhältnisses hat man bei der Verfütterung mit Mäusebabys nicht. Vor allem für trächtige Weibchen stellt dieses Futter ein Optimum an Mineral- und Nährstoffen dar. Jedoch sollte nicht verheimlicht werden, dass Leopardgeckos, die regelmäßig mit Mäusebabys gefüttert werden, auch „bissig" werden können und nach dem Finger der Pfleger schnappen. Dies liegt womöglich daran, dass die menschlichen Finger eine ähnliche Farbe wie diese Futtertiere aufweisen.

Entweder man bringt viele Futtertiere auf einmal in das Becken, oder man beobachtet seine Pfleglinge beim Fressen. Sie haben nämlich oft die Eigenschaft, genau das Futtertier zu begehren, das ein Mitbewohner schon im Maul hat und gerade verzehren will. Hierbei kann es gelegentlich zu Verletzungen kommen, obwohl dies nicht alltäglich ist. Zum anderen ist der Leopardgecko vor dem Zuschnappen und Ergreifen des Futtertieres sehr erregt und wedelt rhythmisch mit dem Schwanz. Gerade diese Schwanzbewegungen veranlassen seine Artgenossen nicht selten zuzubeißen. Manchmal kommt es dann vor, dass der Schwanz an der Bissstelle glatt abgerissen wird. Gerade bei Jungtieren sollte man hier Vorsicht walten lassen, da sie wesentlich stärker gefährdet sind, einen Teil des Schwanzes auf diese Weise einzubüßen.

Futtertierzuchten

Heute ist es kein Problem mehr, seine Futtertiere im Zoofachhandel zu kaufen. Immer mehr Geschäfte bieten Mehlwürmer, Larven des großen Schwarzkäfers (*Zophobas*), Grillen, Heimchen, Schaben und – zumindest im auf Reptilien spezialisierten Fachhandel – sogar Mäusebabys in ihrem Programm an. Darüber hinaus kann man fast alle Futtertiere im Versandabonnement ordern.

Jedoch weisen eigene Futterzuchten einige Vorteile auf. Als erstes wäre da die Unabhängigkeit von Lieferengpässen zu nennen, aber auch

Mitte: *Eublepharis macularius* beim Fressen
Foto: W. Schmidt

die Qualität kann man bei selbst gezüchteten Futtertieren in hohem Maße selbst bestimmen. Wer seinen Futterinsekten und/oder -mäusen hochwertige und abwechslungsreiche Nahrung anbietet, gibt wertvolle Nährstoffe auch an die Geckos weiter. Jedoch sollte sich jeder darüber im Klaren sein, dass Futterzuchten mit der gleichen Aufmerksamkeit betrieben werden müssen wie die Haltung der Leopardgeckos selbst. Man benötigt einen gewissen regelmäßigen Zeitaufwand, und auch die Lärmbelästigung durch Grillen und Heimchen kann für manche Menschen sehr störend sein. Wer sich dennoch zur Zucht verschiedener Futtertiere entschließt, dem wollen wir hier einige kurze Hinweise geben. Ausführliche Anleitungen finden sich bei FRIEDERICH & VOLLAND (1992).

Argentinische Schabe (*Blaptica dubia*)
Als Zuchtkasten eignen sich dicht schließende Plastikbehälter ab ca. 10 L Inhalt, die an den Seiten und im Deckel Lüftungsschlitze aus feinem Fliegendraht aufweisen. Die idealen Zuchttemperaturen liegen bei 28–32 °C.
Bei der Argentinischen Schabe handelt es sich mit einer Länge von 4 cm (und knapp 2 cm Breite) um stattliche Futterbrocken. Die Männchen sind leicht zu erkennen, da nur sie vollständig beflügelt sind. Die Lebenserwartung liegt bei 1–1,5 Jahren.
Für einen Zuchtansatz benötigt man etwa 30 Weibchen und 15 Männchen – je mehr desto besser, da diese Art einen langen Entwicklungszyklus aufweist. In Abständen von ca. 6 Wochen legen die Weibchen eine Eikapsel, aus der 15–30 Jungtiere (Nymphen) schlüpfen. Die Entwicklung bis zur Geschlechtsreife beansprucht bei den oben genannten Temperaturen 4–6 Monate. Den Boden füllt man 2–3 cm hoch mit Hundeflocken, darauf legt man als Versteckmöglichkeit einige übereinander gestapelte Eierkartons. Alle 3–4 Tage gibt man etwas Feuchtfutter hinzu – jedoch nur so viel, wie auch tatsächlich gefressen wird. Als Futter kommt alles in Frage, was in der Tierhaltung allgemein brauchbar ist. Wer gleichzeitig Mäuse züchtet, kann den Schaben Mäusefutter anbieten, aber auch Presslinge aller Art. Als Feuchtfutter reicht man Obst, Salate, Löwenzahn, Karotten usw. Bei genügend Feuchtfutter erübrigt sich eine Wassertränke.

Großer Schwarzkäfer (*Zophobas morio*)
Geeignet sind nur Behälter mit mindestens 10 l Gesamtvolumen aus Glas, PVC oder Hartplastik, da Holzkästen oder Weichplastik von den Larven zerfressen werden. Auch hier wird an den Seiten und im Deckel eine Lüftung aus feinem Messinggewebe angebracht. Die Temperaturen können zwischen 25 und 30 °C liegen.
Zur Zucht benötigt man 10–20 Käfer, die beim Hantieren einen unangenehmen Geruch abgeben. In der Natur leben die Larven in morschem Holz. Die Lebenserwartung liegt bei etwa einem Jahr. Für eine umfangreiche Zucht benötigt man mehrere Behälter. Es reicht zwar auch einer, jedoch erzielt man so wesentlich geringere Erträge. In einer großen Zucht werden Käfer und Larven voneinander getrennt gehalten. Den Käferbehälter füllt man etwa 5 cm hoch mit Kleintierstreu an. Darauf legt man einige große Stücke sehr raue Rinde. Die Käfer legen in den Rissen der Borke ihre Eier ab. Nach ca. 8–12 Tagen schlüpfen die ersten Larven. Da die Eier für ihre Entwicklung eine gewisse Umgebungsfeuchtigkeit benötigen, wird das Substrat einmal am Tag übersprüht. Alle 14 Tage sammelt man die Käfer ab, entnimmt die Rinde und schüttet das Substrat mit den kleinen Larven in einen Larvenbehälter. Danach füllt man den Käferbehälter mit neuem Substrat wieder auf und legt die Rinde sowie die Käfer wieder hinein. Wenn man dies in regelmäßigen Abständen wiederholt, hat man die Larven immer der Größe nach sortiert. Nach etwa acht Wochen haben die Larven ihre volle Länge erreicht. Jetzt nimmt man einige von ih-

nen und setzt sie einzeln in kleine, mit Streu gefüllte Plastikdosen. Hier werden sich die Larven bald verpuppen, und nach etwa 3–4 Wochen schlüpfen die Käfer. Diese kommen wieder in einen neuen Käferbehälter, und alles beginnt von vorne. Gefüttert werden die Imagines ebenso wie die Larven mit Hundeflocken, allen Arten von Trockenfutter, Obst, Gemüse, Kartoffeln und Löwenzahn. Eine höhere Luftfeuchtigkeit ist unbedingt einzuhalten. Die Behälter müssen regelmäßig ganz gereinigt werden, da sich sonst immer wieder Milben einnisten.

In der kleinen Zucht hält man Käfer und alle Larvenstadien gemeinsam in einem Behälter. Der Kasten sollte jedoch ein Mindestvolumen von 100 l aufweisen und wenigstens im hinteren Bereich bis zum Deckel mit dicht gestapelten Eierkartons gefüllt werden, in die sich die großen Larven zum Verpuppen zurückziehen können. Da eine gewisse Feuchtigkeit für die Eier vorhanden sein muss, neigt diese Zuchtvariante schnell zu starkem Milbenbefall.

Grillen und Heimchen (*Grillus bimaculatus; Acheta domestica*)

Als Behälter eignen sich hochwandige, ca. 50–60 cm lange Plastikterrarien oder ähnliche Behältnisse, die mit einem Deckel verschlossen werden. An einer Seite sowie im Deckel werden Luftschlitze aus Messinggaze angebracht. Diese sorgen für den nötigen Luftaustausch und verhindern zu starkes Schwitzen und den damit einhergehenden Milbenbefall. Die Temperatur sollte bei 28–30 °C liegen.

Beide Arten haben eines gemeinsam: Die Männchen erzeugen durch Aneinanderreiben der Flügel einen unerträglichen Lärm. Dieser kann – zumal in einem Mietshaus – als sehr störend empfunden werden. Die Geschlechter kann man sehr gut an der Legeröhre der Weibchen unterscheiden.

Für einen Zuchtansatz reichen 10–15 Paare aus. Als Versteckmöglichkeiten bietet man den Tieren übereinander gestapelte Eierkartons, oder man fertigt aus Pappe einige Rollen an, die mit einem Gummiring zusammengehalten werden. Solche Rückzugsmöglichkeiten benötigen die Tiere als Sicherheit bei der Häutung. Als Ablagebehälter dienen 5–8 cm hohe Vorratsdosen aus Plastik. Diese werden entweder mit einem Torf-Sand-Gemisch oder mit Steckmoos (für Feuchtgestecke) gefüllt. Damit die Grillen die frisch gelegten Eier nicht auffressen, deckt man die Ablagebehälter mit Fliegendrahtgeflecht ab. Gefüttert wird mit Hundeflocken, Presslingen, Obst- und Gemüseresten. Zusätzlich muss eine Tränke vorhanden sein. Am besten eignen sich Vogeltränken oder Reagenzgläser, die mit Wasser gefüllt und mit einem Wattebausch verschlossen sind. Die Entwicklungszeit dauert bei Grillen etwa 8–10 Wochen, bei Heimchen ca. 7–8 Wochen. Alle 2–3 Tage muss man die Behälter kontrollieren und – wenn nötig – das Legesubstrat neu befeuchten. Dieses darf auf gar keinen Fall austrocknen.

Große Wachsmotte (*Galleria mellonella*)

Die Motten dieser Art erreichen eine Flügelspannweite von ca. 28–35 mm. Die Weibchen sind etwas größer als die Männchen, und ihr Hinterleib ist wesentlich länger und dicker. Die Raupen werden fälschlich als Wachsmaden bezeichnet. Im ausgewachsenen Zustand haben sie eine Größe von etwa 25 mm Länge und sind etwa 5 mm dick.

Ausschlaggebend für die Entwicklung ist die Umgebungstemperatur. Bei etwa 28 °C dauert ein Generationswechsel ca. sieben Wochen. Die Raupen benötigen etwa 25 Tage, bis sie sich verpuppen, nach 12 Tagen in der Puppe schlüpfen die Motten. Diese beginnen sich sofort zu paaren, und nach 4–5 Tagen legen die Weibchen ihre ersten Eier ab. Ein Motte kann bis zu 800 Eier ablegen.

Die Zucht ist ziemlich unproblematisch. Als Zuchtbehälter eignen sich große Haushaltsgläser, Blecheimer oder auch Imkereimer. Für eine ausreichende Belüftung im Deckel muss allerdings gesorgt werden. Die Belüftungsgaze muss aus einem feinen Metallgewebe bestehen. Hierbei darf die Maschenweite 4 mm nicht überschreiten.

In der Natur ernähren sich die Raupen vom Wachs der Bienenwaben. Diese Waben legt man in mehreren Lagen übereinander in den Behälter. Alte Waben bekommt man bei einem Imker. Obenauf legt man einige zusammengerollte Papprollen, die aus Wellpappe gerollt und mit einem Gummiring zusammengehalten werden. Hier kriechen die „Maden" hinein, um sich zu verpuppen. Das erleichtert das Herausfangen der Maden. Wenn man die Rollen auseinander rollt, fällt ein großer Teil der Raupen dabei heraus.

Die Zuchtbehälter sollten bei etwa 28 °C stehen. Wenn die Zucht gut läuft, produzieren die Tiere eine Eigenwärme von mehreren Grad, um die sich die Temperatur im Gefäß noch erhöht. Wenn nicht genügend Luftaustausch stattfindet, entsteht sehr schnell Schwitzwasser in dem Behälter. Das sorgt fast immer für einen starken Milbenbefall. Die Lüftung sollte daher nicht zu klein bemessen sein.

Mittlerweile bekommt man Zuchtansätze auch in den meisten Zoofachgeschäften.

Neben dem normalen Futter (Bienenwaben) kann man auch einen Futterbrei selbst erstellen. FRIEDRICH & VOLLAND (1992) machen dazu folgende Angaben:

500g flüssiger Honig
500g Glyzerin
100g Bierhefe oder Trockenhefe
200g Kleie
200g Magermilchpulver
200g Weizenmehl oder Sojamehl (kann man auch mischen)
400g Maismehl oder Grieß, als Ersatz Haferschrot oder Haferflocken

Honig und Glyzerin werden gut vermischt. Die anderen Zutaten werden trocken vermischt, und anschließend gibt man das Honig-Glyzerin-Gemisch hinzu. Das Ganze wird noch einmal gut vermischt und bleibt etwa drei Tage zum Aushärten stehen. Dieser Brei kann dann portionsweise verfüttert werden.

Krankheiten

Krankheiten sind eines der schwierigsten Themen bei der Leopardgeckohaltung. Deshalb muss der Pfleger zur Vorbeugung und Verhinderung von Krankheiten alles in seiner Macht stehende unternehmen.

Aber auch bei einer optimalen und artgerechten Haltung können die Geckos erkranken. Wildfänge sind oft mit Parasiten befallen, so dass eine Behandlung häufig unumgänglich ist. Zur Therapie sollte man sich – sofern es sich nicht um leicht behandelbare „Bagatellen" handelt – an einen mit Reptilien erfahrenen Tierarzt wenden. Adressen solcher Spezialisten sind z. B. über die DGHT zu erfahren.

Im Folgenden wollen wir hauptsächlich Tipps zur Vermeidung von Krankheiten geben.

Hat man sich Tiere aus unbekannter Quelle oder Wildfänge angeschafft, so ist eine längere Quarantänezeit unumgänglich. Geeignet sind dafür die handelsüblichen Plastikbehälter, die sich sehr leicht reinigen und desinfizieren lassen. Der Boden wird mit Zeitungen ausgelegt, die täglich gewechselt werden. Die Einrichtung besteht aus einigen Steinplatten, die so in den Behälter integriert werden, dass sie den Geckos als Unterschlupf dienen, und einem Wassernapf. In diesen Behälter setzt man nun den Neuzugang und lässt dem Tier viel Ruhe. Sobald die Tiere gekotet haben, gibt man eine Probe an eine geeignete Untersuchungsstelle. Dies kann ein entsprechend kompetenter Tierarzt sein, aber auch veterinärmedizinische Institute u. Ä. Auch bei dieser Frage kann die DGHT geeignete Adressen nennen.

Erhält man das Ergebnis „Befund negativ", so bedeutet dies, dass kein Parasit gefunden wurde. Zur Sicherheit kann man nach etwa vier Wochen noch eine zweite Probe einschicken. Fällt die Analyse auch hier negativ aus, kann man das Tier getrost in das endgültige Terrarium setzen. Weist der Leopardgecko jedoch einen pathologischen Befund auf, so bittet man die Untersuchungsstelle um Therapiehinweise und behandelt das Tier entsprechend.

Bei den Untersuchungsstellen kann man auch um eine kostenpflichtige Sektion von verendeten Tieren bitten, wenn man wissen will, woran ein Gecko gestorben ist.

Die Kotuntersuchungen nehmen leider einige Zeit in Anspruch, und da viele Terrarianer den Kot erst bei Ausbruch der Erkrankung einsenden, ist eine schnelle Behandlung unumgänglich. Der Gang zum Tierarzt ist leider oft vergeblich, da es nur wenige Tiermediziner gibt, die sich mit Reptilien auskennen. Deshalb sollte man sich vorher bei befreundeten Terrarianern, in Zoos oder bei der DGHT erkundigen, wo ein mit Reptilien erfahrener Tierarzt seine Praxis betreibt.

Im Folgenden wollen wir einige leichtere Erkrankungen und deren Behandlung beschreiben:

Kleine Verletzungen (z.B. Bissverletzungen):
Weist der Leopardgecko eine Wundstelle auf, die sich noch nicht entzündet hat, so muss diese sofort desinfiziert werden. Am gebräuchlichsten ist zu diesem Zweck Gentianaviolett (als 5%ige Lösung in 70%igem Alkohol; in der Apotheke mischen lassen), das mit einem Wattestäbchen vorsichtig auf die Wunde getupft wird. Hat sich die Verletzung bereits entzündet, so hilft nur noch eine antibiotische Salbe. Wir verwenden Nebacethin-Salbe (rezeptpflichtig) mit gutem Erfolg.

Häutungsprobleme:
Hin und wieder kommt es vor, dass die Geckos an Häutungsproblemen leiden. Teile der alten Haut verbleiben am Körper, den Augenlidern oder den Gliedmaßen haften. Nach 2–3 Tagen sollten keine Reste der alten Haut mehr vorhanden sein. Nur bei einer falschen Haltung bzw. einer Mangelerscheinung bleiben Hautreste am Körper. Die ersten Anzeichen für ein Häutungsproblem sind meistens am Schwanz und an den Füßen zu erkennen. Schenkt man diesem Phänomen keine Beachtung, so kann es sich bei weiteren Häutungen auf den gesamten Körper ausdehnen und zu Infektionen der Augen und der Zehen kommen. Im Endstadium ist dann mit dem Absterben der Zehen oder sogar dem Tod des Tieres zu rechnen.

Beim Auftreten von Häutungsproblemen sollte man erst einmal versuchen, die Tiere manuell von den Resten zu befreien. Dies ist bei Jungtieren oftmals schwierig, da diese Prozedur für sie einen ungeheuren Stress bedeutet. Lässt sich die Haut nicht einfach mechanisch entfernen, so kann man den Gecko auch einige Zeit in lauwarmem Wasser (mit Kamillosan-Zusatz) baden oder die Häutungsreste mit Bepanthen-Salbe einstreichen bzw. mit einem in Wasserstoffperoxyd getauchten Wattebausch befeuchten, dieses einige Zeit einwirken lassen und dann die Reste entfernen.

Anschließend sollte man sich einige Gedanken zu den Gründen der Häutungsschwierigkeiten manchen. Lag es an mangelnder Luftfeuchtigkeit, insgesamt viel zu trockener Haltung oder einfach am schlechten Gesundheitszustand des Tieres? In jedem Fall sollte man für die Zukunft vorbeugen. Obwohl Leopardgeckos aus relativ trockenen Gebieten stammen, darf man nie den Fehler machen, die Tiere zu trocken zu halten. Mindestens eine Rückzugsmöglichkeit sollte immer feucht gehalten werden. Vielfach sind Häutungsschwierigkeiten, besonders der Zehen, auf eine zu trockene Haltung zurückzuführen. Auch Vitamin- und Mineralstoffmängel können die Ursache für Häutungsprobleme sein. Gerade Tiere, die eine Unterversorgung mit Vitamins D_3 haben, leiden häufig darunter.

Glossar

adult: erwachsen
arid: trocken
Autotomie: Abwerfen des Schwanzes an der Sollbruchstelle
dorsal: den Rücken betreffend
dorsolateral: seitlich des Rückens
dorsoventral: seitlich des Bauches
endemisch: nur in einer bestimmten Region vorkommend
Epidermis: Oberhaut
Granula: Körnchenschuppen
Habitat: der Lebensraum einer Art
heterogen: verschieden
homogen: gleichartig
Hybride: Mischling
Inkubation: Eizeitigung
juvenil: jung
Kloakalspalte: Körperöffnung direkt an der Unterseite des Schwanzansatzes, in die der Verdauungstrakt sowie die Geschlechtsorgane münden.
Kopulation: Paarung
lateral: die Körperseiten betreffend
Longitudinalstreifen: Längsstreifen
nuchale Schleife, Nackenschleife: hellfarbenes Band, welches an der hinteren Ecke eines Auges beginnt und über den Nacken zum anderen Auge verläuft
median: die Körpermitte betreffend
Pränalporen: vergrößerte Schuppenreihe an der Bauchunterseite vor der Kloakenspalte
Rostrale: Schnauzenschild
semiadult: halbwüchsig
Subdigitallamellen: lamellenartige Strukturen unter den Fingern und Zehen der Geckos, die die Haftfähigkeit bewirken
Supralabialia: Oberlippenschilde
Supraorbitalia: oberhalb des Auges liegende Schilde
Tuberkel: Kegelschuppe
ventral: die Bauchseite betreffend

Literatur

ABRAHAM, G. (1986): *Eublepharis macularius* (BLYTH). – Sauria, Suppl., Berlin: 33–34.

ALEVEN, I.M. (1970): Alles über das Terrarium. – Stuttgart (Kern-Verlag).

ANDERSSON, S.C. (1963): Amphibians and Reptiles from Iran. – Proc. Calif. Acad. Sci. 31 (16): 417–498.

ANDERSSON, S.C. & A.E.A. LEVITON (1966): A new species of *Eublepharis* from southwestern Iran. – Occ. Pap. Calif. Acad. Sci. No. 53: 1–5.

– (1969): Amphibians and Reptiles collected by the Street Expedition to Afghanistan, 1965. – Proc. Calif. Acad. Sci. 37(2): 25–56.

BALOUTCH, M. & M. THIREAU (1986): Une espèce nouvelle de gecko *Eublepharis ensafi* (Sauria, Gekkonidae, Eublepharinae) du Khouzistan (sud-ouest de l'Iran).– Bull. Mens. Soc. Linn. Lyon 55: 281–288.

BANIKOFF, A., S. DAREVSKY & K. RUSTAMOW (1980): Guide to the Amphibians and Reptiles of U.S.S.R. Fauna. – Prosveshchenie (Moskau): 1–145.

BARBOUR, T. (1908): Some new Reptiles and amphibians. – Bull. Mus. Comp. Zool. Harvard 51: 315–325.

BECH, R. & U. KADEN (1990): Vermehrung von Terrarientieren: Echsen. – Leipzig (Urania-Verlag).

BECHTLE, W. (1971): Bunte Welt im Terrarium. – Stuttgart (Kosmos-Verlag).

BHATI, D.P.S. (1989): A critical evaluation of the species of *Eublepharis* GRAY, 1827 (Reptilia: Sauria). – First World Congr. Herpetol. Abstr.: 28.

BLYTH, E. (1854): Notices and descriptions of various Reptiles, new or little known. – J. Asiat. Soc. Bengal 203: 287–302.

BÖRNER, A.R. (1974): Ein neuer Lidgecko der Gattung *Eublepharis* GRAY, 1827. – Misc. Art. / Saurology No. 4: 1–14.

– (1976 a): Second contribution to the systematics of the southwest Asian lizards of the gekkonoid genus *Eublepharis* GRAY, 1827. – Saurological No. 2: 1–15.

– (1976 b): Third contribution to the systematics of the southwest Asian lizards of the gekkonoid genus *Eublepharis* GRAY, 1827. – Saurological No. 3: 1–7.

BOULENGER, G.A. (1890): The Fauna of British India, including Ceylon and Burma. – London (Taylor & Francis).

BROER, W. & H.-G. HORN (1985): Erfahrungen bei Verwendung eines Motorbrüters zur Zeitigung von Reptilieneiern. – Salamandra (Bonn) 21 (4): 304–310.

BROGHAMMER, S. (1998): Albinos: Farb- und Zeichnungsvarianten bei Schlangen und anderen Reptilien. – Frankfurt am Main (Edition Chimaira).

BUNDESMINISTERIUM FÜR ERNÄHRUNG, LANDWIRTSCHAFT UND FORSTEN (1997): Gutachten über Mindestanforderungen an die Haltung von Reptilien vom 10. Januar 1997. – Sonderausgabe der DGHT, Rheinbach.

CLARK, F., S.C. ANDERSON & E. LIVITON (1969): Report on a Collection of Amphibians and Reptiles from Afghanistan.– Proc. Calif. Acad. Sci. 36 (10): 279–315.

CREWS, D. (1994): Geschlechtsausprägung bei Wirbeltieren. – Spectrum der Wissenschaft (3): 54–61.

FLORES, D. (1994): Incubation Temperature Affects the Behavior of Adult Leopard Gekkos (*Eublepharis macularius*) – Physiology & Behavior 55 (6): 1067–1072.

FRIEDERICH, U & W. VOLLAND (1992): Futtertierzucht. – Stuttgart (Eugen Ulmer Verlag).

GRISMER, L.L. (1988): Phylogeny, taxonomy, classification and biogeography of eublepharid geckos. – Pp. 369–469 in: ESTES, R.& G. PREGILL (Eds.), Phylogenetic Relationships of the Lizard Families. – Stanford/Ca. (Stanford University Press).

– (1989): *Eublepharis ensafi* BALOUTCH & THIREAU, 1986: A junior Synonym of *E. angramainyu* ANDERSON & LEVITON, 1966. – Journal Herpet. 23(1): 94-95.

– (1991): Cladistic relationships of the Lizard *Eublepharis turcmenicus* (Squamata: Eublepharidae). – Journal Herpet. 25 (2): 251–253.

HARA, K. (1973): Hatchlings of *Eublepharis macularius*. – Acta herpet. Japan 4 (1–4): 20–21.

HENKEL, F.-W. & W. SCHMIDT (1991): Gekkos. – Stuttgart (Eugen Ulmer Verlag).

– (1997): Terrarienbau und -einrichtung. – Stuttgart (Eugen Ulmer Verlag).

IPPEN, R., H.D. SCHRÖDER & K. ELZE (1985): Handbuch der Zootierkrankheiten, Band 1 Reptilien. – Berlin (Akademie-Verlag).

ISENBÜGEL, E. & W. FRANK (1985): Heimtierkrankheiten. – Stuttgart (Eugen Ulmer Verlag).

JAHN, J. (1978): Kleine Terrarienkunde (Lehrmeister-Bücherei). – Minden (Verlag Albrecht Philler).

JES, H. (1987): Echsen als Terrarientiere. – München (Graefe & Unzer).

KAHL, B., P. GAUPP & G. SCHMIDT (1980): Das Terrarium. – Niederhausen (Falken-Verlag).

KÄSTLE, W. (1972): Echsen im Terrarium. – Stuttgart (Franckh'sche Verlagsbuchhandlung).

KAVERKIN, Y. & N. ORLOV (1996): Experience of Captive Breeding of *Eublepharis turcmenicus*. – Russian Journal of Herpetology 3 (1): 99.

KHAJURIA, H. (1986): On habits of some central Indian lizards. – Record zool. Surv. India 83 (1–2): 19–23.

KLINGELHÖFFER, W. (1957): Terrarienkunde I–IV. – Stuttgart (Alfred Kernen Verlag).

KLUGE, A.G. (1967): Higher taxonomic categories of gekkonoid lizards and their evolution. – Bull. Amer. Mus. Nat. Hist. 135: 1–60.

– (1987): Cladistic Relationships in the Gekkonoidea (Squamata: Sauria). – Misc. Publ. Mus. Zool. Univ. Mich. 173: 1–54.

KÖHLER, G. (1996): Krankheiten der Amphibien und Reptilien. – Stuttgart (Verlag Eugen Ulmer).

– (1997): Inkubation von Reptilieneiern. – Offenbach (Herpeton-Verlag).

LILGE, D. & H. VAN MEEUWEN (1979): Grundlagen der Terrarienhaltung. – Hannover (Landbuch-Verlag).

MARTENS, H. & D. KOCK (1991): Erstnachweise für drei Gecko-Gattungen in Syrien. – Senck. biol. 71: 15–21.

MATZ, G. & M. VANDERHAEGE (1980): BLV-Terrarienführer. – München (BLV Verlagsgesellschaft).

MERTENS, R. (1959): Über einige seltene Eidechsen aus West-Pakistan. – Aquar.- u. Terrar.-Z., (Stuttgart) 12: 307–310.

– (1969): Die Amphibien und Reptilien West-Pakistans. – Stuttgarter Beiträge zur Naturkunde Nr. 197

MILLER, M.J. (1980): The Leopard Gecko, *Eublepharis macularius* (GRAY).– Bull. Chicago Herpet. Soc. 15 (1): 10–15.

MÜLLER, M.J. (1983): Klima-Handbuch ausgewählter Klimastationen der Erde. – Universität Trier.

NIETZKE, G. (1980): Die Terrarientiere, Band II. – Stuttgart (Eugen Ulmer Verlag).

– (1984): Fortpflanzung und Zucht der Terrarientiere. – Hannover (Landbuch-Verlag).

– (1992): Die Terrarientiere, Band I. – Stuttgart (Eugen Ulmer Verlag).

NIKOL'SKII, M. (1915): Fauna of Russia and adjacent counties. Reptiles. Vol. I.: Chelonia and Sauria. – Jerusalem (Israel Programs for Scientific Translation).

NUNAN, J. (1992): A Peek into the Past – *Eublepharis hardwickii*.– Dactylus 1 (2): 4.

OBST, F.J. & K. RICHTER & U. JACOB (1984): Lexikon der Terraristik und Herpetologie. – Hannover (Landbuch-Verlag).

PETZOLD, H.G. (1982): Aufgaben und Probleme bei der Erforschung der Lebensäußerungen der Niederen Ammionten (Reptilien). – Berliner Tierpark-Buch Nr. 38.

RÖSLER, H. (1995): Geckos der Welt. – Leipzig (Urania-Verlag).

– (1999): Paläarktische Geckos (Reptilia: Gekkota) Teil II: *Eublepharis turcmenicus* DAREVSKY, 1978. – Sauria (Berlin) 21(3): 21–26.

RÖSLER, H. & N.N. SZCZERBAK (1993): Die Jugendentwicklung von *Eublepharis turcmenicus* DAREVSKY, 1978 im Terrarium. – Salamandra 28 (3/4): 275–278.

SCHIFTLER, H. (1967): Beobachtungen am Panthergecko, *Eublepharis macularius* (BLYTH, 1854). – Aquar.- u. Terrar.-Z. (Stuttgart) 20: 151–154.

– (1988): Bemerkenswerte Lebensdauer eines *Eublepharis macularius* (BLYTH, 1854) (Sauria:Gekkonidae) in Gefangenschaft.– Salamandra 24 (4): 310–311.

SCHMIDTLER, J.J. & J.F. SCHMIDTLER (1970): Ein Nachtgeist aus Luristan. – Aquarien-Mag. 6: 239–241.

SCZCERBAK, N.N. (1983): The Turkmen *Eublepharis*. – Priroda, Moskau 1979 (6): 83–85.

SINGH, L.A.K. (1985): *Eublepharis hardwicki*. – Journal Bombay nat. Hist. Soc. 81 (3): 708–709.

SINGH, L.A.K. & M.L. GOLUBEV (1986): Gekony fauny SSSR i sopredelnych stran. – Kiew (Naukowa Dumka).

STETTLER, P.H. (1978): Handbuch der Terrarienkunde. – Stuttgart (Franckh'sche Verlagsbuchhandlung).

THOROGOOD, J. & I.W. WHIMSTER (1979): The maintenance and breeding of the Leopard Gecko (*Eublepharis macularius*) as a laboratory animal. – Int. Zoo Yb. 19: 74–78.

TOUSIGNAT, A. & D. CREWS (1995): Incubation Temperature und Gonadal Sex Affect Growth and Physiology in the Leopard Gecko (*Eublepharis macularius*), a Liazard With Temperature-Dependent Sex Determination – Journal of Morphology 224: 159–170.

TRUTNAU, L. (1994): Terraristik. – Stuttgart (Eugen Ulmer Verlag).

ULBER, T. (1995): Leopardgeckos im Terrarium – Ruhmannsfelden (Bede-Verlag).

VIETS, B.E., A. TOUSIGNANT, M.A. EWERT, C.E. NELSON & D. CREWS (1993): Temperature-Dependent Sex Determination in the Leopard Gecko, *Eublepharis macularius*. – The Journal of Experimental Zoology 265: 679–683.

– (1994): Sex-Determining in Squamate Reptiles. – The Journal of Experimental Zoology 270: 45–56.

VOGT, D. & H. WERMUTH (1961): Knaurs Aquarien- und Terrarienbuch. – München-Zürich (Knaur Verlag).

WERB, K. (1980): Notes on breeding the Leopard Gecko in Captivity, *Eublepharis macularius*. – Herptile 5 (4): 9–10.

WERNER, Y.L. (1970): Observation on eggs of Eublepharid lizards, with comments on the evolution of the Gekkonidae. – Zoologische Meded. (Leiden) 47 (17): 211–224.

WILHELM, H. (1998): Der Leopardgecko *Eublepharis macularius*. – Reptilia (Münster) 3(4): 30–32.

WILMS, T. (1989): Über die altersbedingte Zeichnungsveränderung bei *Eublepharis macularius*. – Herpetofauna, 62: 13–16.

ZIMMERMANN, E. (1983): Das Züchten von Terrarientieren. – Stuttgart (Franckh'sche Verlagsbuchhandlung).

Natur und Tier - Verlag
Der Fachverlag für den Terrarianer

Fordern Sie unseren kostenfreien Verlagsprospekt an!

Natur und Tier - Verlag
Matthias Schmidt
An der Kleimannbrücke 39
48157 Münster
Tel.: 0251-143953, Fax: 0251-248530